元ディスコDJが何故、

世界屈指の科学者や
文化勲章受章者や
元東大学長と
対談できたのか

宮本明浩　著

ヌース自分史選書

表紙デザイン：フォルトゥーナ書房

元ディスコDJが何故、世界屈指の科学者や文化勲章受章者や元東大学長と対談できたのか●目次

第六章　著名人と学者へのインタビュー経験は私の宝物　95

第一章
宮本自動車整備工場の後継者

嫁して三年　子なきは去る

私は、父（昭和四年一〇月一二日生まれ）と母（昭和六年一二月九日生まれ）の長男として、山口県岩国市に昭和三五年六月一四日に生まれました。浩宮様ご誕生の約四ヶ月後に生まれたことで、祖母が、浩宮様の「浩」と明仁様の「明」を取って「明浩」という名前にしたそうです。当時の日本人の多くがそうだったかもしれませんが、明治生まれの祖母は天皇家が大好きでした。特に、祖母の実の弟が近衛兵だったこともあり、天皇家に対して特別な思いがあったのでしょう。弟が最大の自慢だったようで、何度も近衛兵だったという話を聞かされました。明治生まれの祖母はきつい性格の女性で、夫（私の祖父）が四〇歳のころに亡くなってから、息子（私の父）一人と娘三人の子供四人を一人で育てました。

私の父は岩国工業高校の野球部でピッチャーをやっていたそうです。野球部で練習をしている最中に、「農作業を手伝え」と、何度も母（私の祖母）が高校の野球場まで呼びに来ていたそうです。祖母にとっては、高校の授業が終わった後のクラブ活動なんてどうでもいい遊びにすぎず、生活の糧になる農作業をやって宮本家を支えろ、ということだったのでしょう。

工業高校の機械科を卒業した父は自動車の整備工になり、母と結婚した数年後にトラックの整備を主にやる宮本自動車整備工場を設立しました。工場では父はみんなに「社長さん」と呼ばれていました。父は口数の少ない職人気質の男で、経営者になった後も整備工として働き、従業員には定時で帰らせ、夜遅くまで一人で整備作業をしていたそうです。

　私の母は大百姓の娘で、八人兄妹の上から四番目の世話好きな娘だったそうです。父親が長男で、一番下の弟（猛さん）が大正一一年二月生まれ。母にとっては叔父になりますが、幼少のころは同じ家で暮らしていました。猛さんは飛び抜けて勉強ができて中学校を飛び級で卒業し、陸軍士官学校に合格して終戦まで陸軍将校として活躍されていました。母の自慢の叔父さんで、結婚式にも参列してくれたそうです。

　母は女学校に進学し、卒業後は洋裁師として働いていました。父と同様に職人として生きていたのです。そして、父と母は見合いで結婚しました。

　私は両親が結婚して、なかなか生まれなかったために、母は祖母から「三年子なきは去る」という嫌味を何度も言われたそうです。宮本家の跡継ぎ（私）がやっと生まれたことで祖母は大いに喜びました。私があまりにも祖母に過保護に育てられたためにバカ息子になったと、今でも母は言っています。

　父の熱心な仕事ぶりは多くの人々から評価を得て、信用が高まっていき、毎年々、売り上げが二倍二倍と伸びていったそうです。整備工場を始めたころは従業員が二人だったのが、最後のころは一五人くらいにまで増えました。大阪万博にマイクロバスを借りて従業員の慰安旅行に私もついて行ったことを覚えています。あのころは飛ぶ鳥を落とすような勢いがあり、面白いほど儲かった、と母が全盛期を懐かしむように今でも語っています。母が経理をやっていましたので、どれだけ儲かったかは母が一番よく知っていたのです。

私が生まれた二年後には弟が生まれました。祖母は男だったことが気に入らなかったそうです。母は三人目が欲しかったけれど、「三人目が男だったら宮本家は廃れる」と、祖母に生ませてもらえなかった。この地域では大きめな地主だった宮本家は財産分与で小さくなるというのが理由だったようです。母は今でも娘が欲しかった、三人目が娘だったらという愚痴を言っています。姑の権力がこんなにも大きかったというのは今の時代からは想像し難いことかもしれません。

私がごく幼少のころの記憶として残っていることがあります。それは、家の庭に出てしばらく空を見上げて、「この世に生まれて死んで、また生まれて死んで、また生まれて死んでということをいつまで繰り返すのだろうか」といったことを漠然と思い、途方もない陰鬱な気分に陥ることが度々ありました。この記憶に何か哲学と関係した運命的・因縁的な意味があるのかどうかは分かりません。しかし、その後は、哲学とは全くかけ離れた環境に育ったために、せめてこの記憶だけは提示しておきたいのです。

小学生のころに父とキャッチボールをした体感が今もはっきりと残っています。「胸の前にグローブを構えろ。そのまま絶対に動くな！」と父に言われ、その状態で固まっていると、も

新婚のころの父（錦帯橋の下で）

父と母と私でドライブ

私の記念撮影

父と私と飼い犬（この犬の記憶なし）

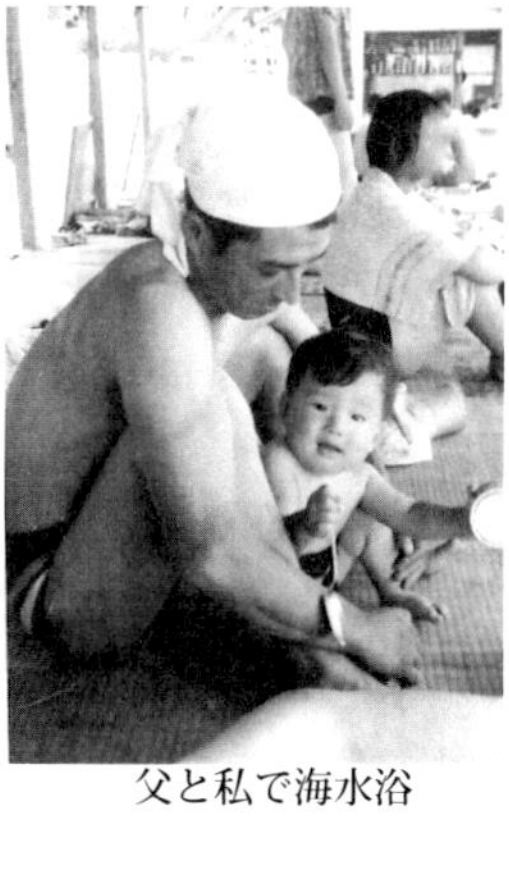

父と私で海水浴

のすごいスピードで軟式のボールが私のミットにズドーンと入ってきました。小学生の私だから速く感じたのかもしれませんが、感動して父を尊敬したことを覚えています。

学校の勉強が苦手な子に育つ

母のために、父は盆正月の年に二回、必ず家族を車で旅行に連れて行きました。家族といっても両親と子供二人の四人です。祖母だけは、嫁いで行った三人の娘家族が盆正月に里帰りしてくるので旅行には行きませんでした。母にとって、盆正月の年に二回の旅行が生き甲斐のようなものになっていました。

私にも、旅行の記憶が多少は残っています。ホテルに着いたらすぐに、ゲームコーナーへ直行していました。車で行ける国内旅行ではありますが、東京へ行ったこともあり、東京タワーを模した置物のお土産を親友に買って帰った記憶もあります。当時は、盆正月に必ず旅行に行くという家庭は少なかったと思います。小学生のころ、夏休み明けと冬休み明けに、学校で友達に旅行の話をすると羨ましがられていました。

私は小学校を卒業するまでは、岩国市内では裕福な家庭の子供としてのびのびと育ちました。父が経営する整備工場が儲かっていたことに加え、祖父が建てた四軒（五軒建てたのですが祖父の死後、一軒は祖母が売却）の貸家からの家賃収入もありました。

父が経営する整備工場の事務所や工員さんの寮が小学生のころの私の遊び場の一つになっていました。工場へ行けばいろんな人がいるし、母が事務所を取り仕切っていたし、若い女性の事務員さんもいました。宮本自動車整備工場の後継者としてみんなが可愛がってくれました。

夜間高校に通う若い工員さんが住んでいた寮の部屋は、いつも鍵がかかっていませんでした。その部屋に忍んで入るのが、小学生の私にとってはちょっとした冒険でした。見付かったら怒られるのではないか、という思いもあってスリルを感じていました。一〇代後半の不良っぽい工員さんたちの部屋は小学生にとって魅力に溢れていたのです。楽しいことはいくらでもあり、両親は仕事で忙しいけれど、家から徒歩約二分で工場だから、本当に恵まれた子供時代でした。しかし、それがかえって、本を全く読まない子供になってしまうという、哲学にとっては最悪の環境だったのかもしれません。本を読んで想像して楽しむよりも、歩いて行ける範囲、自転車で行ける範囲に現実に楽しいことが溢れていた。しかも、テレビが大好きで、それを咎める両親でもなかった。どうせこの子は宮本自動車整備工場を継ぐ長男息子という思いがあったのでしょう。食べたいだけ食べ、遊びたいだけ遊び、全く学校の勉強ができない小学生時代でした。体だけはすくすくと育ち、小学校の六年間はかなり背が高い子供でした。

後継者と決まっていても、あまりにも学校の勉強ができなかったので、母は心配するようになりました。父は私を岩国工業高校に入れるつもりでいましたが、このままいけば、それも難しくなるのではないかという母の説得から父も多少は心配するようになりました。それで、小学五年生から私は桝井くんの家の一室で行われていた学習塾に通わされるようになったのです。同級生の桝井くんのお姉さんがとても美人で私の憧れの女性でした。学習塾でチラッと姿が見えることがあり、それが楽しみで通ったことを覚えています。しかし、勉強の方はあまり効果が出ませんでした。

工員さんの作業着を着てお手伝い

小学校高学年のころだったと思いますが、工員さんのつなぎの作業着を着て、父が経営する工場で手伝いをした記憶が鮮明に残っています。背の高い小学生でしたので、大人用の作業着でも何とか様《さま》になっていたようです。従業員の人たちに、「おっ、二代目社長！」といったような言葉を微笑みながら何度もかけてもらいました。そのころの私には子供ながら、父の後を継ぐという使命感も芽生えていて、満更でもない気分に浸っていました。

父は、そんな私を見て笑いながら、仕事を指示しました。それは、トラックの下に潜って、一鉄のボルトの頭に黄色いペンキを塗る作業でした。父に仕事を任され、私は本当に嬉しく、一生懸命にやりました。ペンキが入った丸い缶に筆を入れてはボルトの頭を塗る、という単純作業が楽しくて仕方がなかったのです。そうして作業をしている途中でも、工員さんたちが、「頑

宮本自動車整備工場の外観

父の愛車・デボネアをバックに記念撮影（向かって右が私）

祖母と飼い犬・シロ

張っとるの〜！」と声を掛けてくれました。

ところが一時間もしないうちに、集中力がなくなってきたからでしょうか？　ペンキの缶をひっくり返してしまったのです。工場の一面がペンキで黄色く染まりました。自分のやってしまった大失敗を、隠したくても隠すことができない状態に呆然となりました。子供ながら、父の役に立っているという自負を持ってやっていた先程までの自分から、突如泣きたくなるほどの最悪な事態に陥ってしまった。あの時のショックは今でも、はっきりと心の片隅に染み付いています。

そんな私の様子を察してか、誰かが工場に隣接する事務所に連れて行ってくれました。誰一人として私の大失敗を口にする人はいませんでした。まるで何もなかったかのように、そんな失敗に気付かなかったかのように普段通りに仕事をされていました。周りの人たちの気遣いを子供ながら感じ取っていました。自分が情けなくなって、その事態以降、しばらくは工場へ遊びに行かなくなったように記憶しています。

父にビンタされ、飼い犬とプチ家出

父はほとんど私を叱りませんでした。叱るのはいつも母でした。しかし一度だけ、父にビンタされたことがあります。子供のころに住んでいた家は、土間があって、そこに自転車を置いていました。小学四年生だったと思いますが、家に帰って玄関の引き戸を横着して自転車に乗ったまま、タイヤの先で無理やり開けようとしました。なかなか上手く開かなかったので力を入れてガタガタと音を立てながらこじ開けようとしたら、引き戸が外れて土間側に傾いていきました。ガラスをはめ込んだ引き戸だったので、アスファルトで固めた土間に倒れたらガラスが割れてしまうと思いました。その瞬間に母が飛び出してきて、土間に着く数センチ手前で引き戸と土間の隙間に掌を差し込んでガラスが割れるのを防いだのです。「火事場の馬鹿力」ではなく、「火事場の俊敏さ」でした。

母の俊敏さに感心していたら、父がやってきて、私の頬を平手打ちしたのです。父に殴られた記憶はその時だけですが、自分が悪かったという気持ちもあり、痛さもあり、傷心した私は飼っていた犬（シロ）を連れてプチ家出をしました。夕方になっても帰る気になれなかったので、近所を犬と一緒に彷徨っていたら、祖母が探しにきてくれました。父も母も私のことを許していないと感じていました。日も暮れて腹ペコだったけれど、素直に謝ることができない子供だったので、祖母が迎えにきてくれたことが本当に救いになりました。

『柔道一直線』に感化され町の柔道場へ

本は全く読まず、テレビが大好きな少年だった私は、テレビの影響をモロに受けて育ちました。私が小学生のころに、『柔道一直線』というアニメがテレビで放映され欠かさず観ていました。「車周作ってすごいな！　一条直也ってかっこいいな！　高原ミキって可愛いな！　僕も柔道をやりたい！」という思いが強くなっていきました。そのころ、同じ小学校の同級生が町の柔道場に通っていることを知ったのです。私も習いたいと親に申し出ると、父が賛成してくれました。父は野球が一番好きでしたが、テレビでプロレスも好んでよく観ていました。その影響もあってか、男は身体的にも強くあるべきだという価値観はかなりあったようです。母は賛成しなかったのですが、柔道着は買ってくれました。

しかし、私がせがんだ鉄ゲタは買ってくれませんでした。街のスポーツ店に展示してあったので、何度も見に行くうちに欲しいという気持ちがドンドン高まっていきました。アニメの中で主人公が履いていた鉄ゲタ（鉄製の下駄）を私も履くことで、柔道が強くなるという思い込みがあったからです。小学生にとっては高額だったのですが、お年玉の貯金を引き出してもらい、自分のお金で買ったことを覚えています。これからは、この鉄ゲタを毎日履くのだ、小学校にも鉄ゲタで通うのだと張り切っていました。

スポーツ店で買った鉄ゲタを家に持ち帰り、しばらくは部屋に飾っていたように思います。そして、いよいよ、外に履いて出ようと意を決する日がやってきました。当時の私が住んでいた家は蔵と接した農家用の古い大きな家で、家の周りを一周するとかなりの距離になりました。

中央が若いころの魁傑関。最後列の向かって右から４番目が父

愛犬・シロとツーショット

町の柔道場（２列目が私で最後列中央が師匠）

自宅の庭で友達と

ソフトボール大会で負けた後の記念撮影

まずは試しに、鉄ゲタで家の周囲を回ろうと思いました。靴下を脱ぎ、鉄製の重たい下駄を玄関に持っていきました。鼻緒に足の指を突っ込むと、鉄のヒヤっとした冷たい感触で身が引き締まりました。柔道への第一歩を踏み出す自分に酔いしれていました。

玄関といっても八畳くらいの広さの土間になっていたので、引き戸までは十数歩くらいありました。その引き戸を跨ぐまでに、「これは履き物としては重すぎる！」という現実に初めて気付きました。当時の私は暇さえあれば外で走り回る、じっとしていられない小学生でしたが、背は高くても筋肉質ではない体型でした。そんな子供にとって、鉄ゲタは重過ぎたのです。それでも、心の中は柔道一直線ですから、計画通り、家の周囲を歩き始めました。一歩一歩がキツかったけれども、前へ前へと進みました。

ちょうど半周ぐらいの所だったと思いますが、足の筋肉疲労は根性で何とかなっていましたが、足の指の鼻緒に接する部分に痛みを感じ始めました。歩を進める毎に、その痛みは増していきました。後もう少しで一周、もう少しで一周と、自分を鼓舞し、何とか家の玄関まで戻ってくることができました。そして、激しい痛みを感じている足の指を見てみると、皮がザックリと剥けていました。

その時以来、鉄ゲタは履かなくなりました。土間と床下がつながった家の構造だったのですが、その床下に鉄ゲタを放置していました。何日かすると、その鉄ゲタから変な匂いがするようになりました。そして偶然、床下を野良猫が横切る光景を目撃したのです。その猫が鉄ゲタに小便をかけたことが原因だと分かり、余計に私の鉄ゲタに対する思いが冷めていきました。数ヶ月後には、錆びて変色した鉄の塊に化していました。

さて、肝心の柔道の方ですが、柔道着も買ってもらい、月謝も払ってもらっていたので、何ヶ月かは通いました。しかし、テレビで観たような一条直也の二段投げとはほど遠い現実に、次第に気付いていきました。そんな痛くて地味な稽古の連続から、「柔道は自分には向いていない！」という思いが強くなっていきました。両親の手前、無理して通っていましたが、そのうちに、情けないことに、別の方向に心が惹かれてしまい、半年もしないうちに辞めてしまいました。当時、一緒に柔道場に通っていた小学校の同級生たちは、ほとんどが中学校の柔道部に入っていきました。

柔道を辞めてからは、砂場でのバク転が私の最大の関心事になっていました。小学校内でバク転ができる児童が三人いたことを記憶しています。その中の一人が今でも付き合いがある親友の川岡くんです。その三人の中に入りたくて、休み時間や放課後は、その人たちと一緒に砂場で練習をして、数ヶ月後、遂にできるようになったのです。それが嬉しくて、その日に帰宅すると直ぐに居間の畳の上でバク転をすると、失敗して居間を仕切るガラス戸に膝から突っ込んでしまいました。膝上の皮膚をガラスで切り大量に出血しました。運よく母が家に居たので、車で整形外科に連れて行ってくれ、数針を縫うことになりました。その時の傷跡は、六四歳になった今でもまだ残っています。

作文がラジオ局で朗読される

小学二年生の時に書いた作文「ぼくのおとうさん」が優秀と評価され、岩国小学校から年一回発行される『えのき　第一二集』に掲載されました。特に低学年のころは学校の勉強が全くできなかったのに、作文だけは先生に評価されたのです。

そして、三年後の小学五年生の時に書いた作文「痛いちゅうしゃ」は、『えのき　第一五集』に掲載されたうえに、山口県のラジオ局で放送（朗読）されました。高学年になっても全く本を読まない子供だったので、特に国語の勉強ができず、漢字力もひどい状態でした。読み返してみると、他の同学年の掲載作文に比べて圧倒的に漢字が少ないし、変なところで読点を打っています。しかし、見た目は頭の悪そうな作文であるにも関わらず、当時の先生は私の作文を高く評価してくださった。そして、文集に掲載された活字になった私の作文がラジオ局の担当者の心をとらえたのです。この経験が、私が出版社の社長になる要因の一つになっています。

ご参考までに、その作文を掲載された文集通りの字詰め・行数で転載します。

痛いちゅうしゃ

宮本明浩

「宮本さーん、宮本さーん」と、かん護婦さんが、ぼくの名まえを、よんだ。
　とうとうぼくの番が、きた。
　ぼくは、のっそり、のっそりと、しん察室に、入っていった。
　しん察室には、ちゅうしゃ器やペンチなどが、たくさんならべてあった。
　医者が、ぼくを、まちかまえて、いるようだった。
　しん察室のいすに、すわったら、特に、ちゅうしゃ器が、よく目に、ついた。
　ぼくが、口を、大きく、あけると、医者がぼくの、口の中を、じろじろ、見たら、ちゅうしゃ器を、手に、持って、その中に、くすりを、入れた。

太陽の光で、ちゅうしゃ器の、はりが、光った。

はりが、だんだん、ぼくの口に、ちかづいてきた。

頭を、動かして、ちゅうしゃ器から、だんだんはなれていくと、おかあさんが、頭を、おさえた。

はりの先が、はぶに、少し 当たった。

「ズズズッ」と、針が、はぶの中に、はまった。

いすを、力いっぱいにぎった。

ぼくの手に、あせが、にじんだ。

はぶだけが、体から、はなれていきそうだ。

今度は、ペンチを、出して、歯を、はさむ

と、「グググッ」と、歯を、ひっぱった。

なかなか、ぬけない。

ペンチで、ひっぱるので、頭が、いっしょに、ついていった。

また、おかあさんが、頭を、おさえた。

「ガク」、やっと、歯が、ぬけた。

血が、はぶから、流れ出た。

うがいを、して、やっとすんだかと、思って、ため息を、ついたら、もう一本、ぬくといった。

ぼくは、体の中に、ある力が、全部ぬけて、しまいそうだ。

休むひまもなく、またいやなちゅうしゃを医者が、持った。

一本目のちゅうしゃ器より、なぜか、大きいような、気がした。

医者は、ぼくの気も、しらないで、手荒く
はぶに、針を、はめこんだ。
「いたい」と、いう声も、だせない。
体全体に、「ジーン」ときた。
医者が、ぼくが、いたいのを、楽しみなが
ら、ゆっくり、ゆっくりやっているようだった。
やっと、ちゅうしゃ器を、ぬいた。
今度は、ペンチの番だ。
おかあさんが、頭を、おさえた。
「ガク」ぬけた。
やっとすんだ。
ため息を、しようと思ったけど、またぬく
ことに、なったらいけないから、歯医者から
出てから、ため息を、することに、した。

『えのき　第十五集』（四十六頁～四十八頁に掲載）【岩国市立岩国小学校・昭和四十七年三月十日発行】

私のこんな作文を高く評価し、文集に掲載してくださった小学五年時の担任の松村先生には心より感謝しています。お陰様で長年続いた私の学力コンプレックスをカバーする心の支えになりました。「自分には文才がある」という信念（思い込み？）に発展していきました。もし、私の作文が文集に載らなかったら、私は出版業界を目指すこともなかったと思います。

アキベー誕生秘話

小学生のころは体育と作文以外、授業中はボーッとしている子供だったように思います。私にとって小学校の教室は休み時間と放課後のためにあったようなものでした。授業中、先生に質問されても（当てられても）すぐに返答をしなかったようです。しばらく経ってから言葉を発するという頭の回転が遅い子供だったからか、クラスの誰かに「蛍光灯」という渾名を付けられました。

岩国小学校の近くに毎日屋という食料品店がありました。下校時にいつも一緒に帰る数人の友達と、そのお店でよく駄菓子を買って食べていました。当時、私はチョコベーという駄菓子が好きで、毎回それを買っていました。一緒に買いに行く友達にバク転仲間の川岡くんもいて、そんな私を見て、ある日「アキベーじゃ～！」と叫んだのです。私の下の名前は明浩（あきひろ）で、みんなから「アキちゃん」と呼ばれていました。川岡くんは、毎回毎回チョコベーを買う私を見て、そのように叫んだのだと思います。その叫びに一緒にいた他の友達も賛同して「アキベーじや〜！」と囃し立てました。

その日以来、私の渾名は「アキベー」になってしまいました。田舎の同級生に会うと、今でもそう呼ぶ人がいます。しかし、アキベーと名付けてくれた川岡くんのお陰で、「蛍光灯」という不名誉な渾名がかき消されました。川岡くんには本当に感謝しています。

第二章

超恩人・正兼のオイサン

中学生になったばかりの五月に父が逝く

小学生のころには毎年マイクロバスを借りて、工場の工員さんや事務員さんたちと一緒に海水浴に行ったり、慰安旅行に行ったりするのが楽しみでした。周防大島に別荘を建てる計画もあったそうです。当時は、父の人生にとっての絶頂期で、父が最も輝いていた時代であり、母が最も幸せだった時代です。

私が小学五～六年生のころの夏には、そんな父と私と親戚のお兄さん（しげちゃん）とで、休日に父が購入したモーターボートに乗って瀬戸内海でよく遊んでいました。クラスの友達（白銀くん）を誘って、四人で瀬戸内海の沖でモーターボートから釣りをしたことが、最も楽しい思い出として残っています。小学生時代は川釣りも好きで、数人の友達と一緒に錦川に行き、ボラという魚がよく釣れたことも覚えています。

父の体調が悪くなったのは、そんな絶頂期のころです。私が小学六年生の最後の冬、一月～二月くらいだったと思います。小学校から帰ったら父がこたつに横たわっていました。いつも夜遅くまで仕事をしていた父が、まだ明るい昼間の平日に家で寝ていることに、私は表現しようのない物悲しさの漂う違和感を覚えていました。

その翌日、父は近くの病院で診察を受けて数値の異常が分かり、急きょ入院することになりました。何日経っても体調は悪化するばかりで、隣県（広島県）の大きな病院に移ったころに

自宅で父の葬儀が行われました

消防団員の方々が運んでくださいました

魁傑関からの２つの花輪が庭の中央に飾られました

は手遅れの状態だったそうです。腎臓の病気でした。今では透析治療を続ければ元気で長生きできますが、当時はまだ医学の進歩がそこまでに至っていなかったのでしょう。

父はヘビースモーカーでしたが、完全な下戸でアルコールは一滴も飲めませんでした。晩酌でストレス発散ができないことから、夕食後は毎晩毎晩、お菓子を大量に食べていました。それが何年も続いて腎臓を蝕んでいったのでしょう。父が仕事から家に帰ると、必ず大きな紙袋一杯のお菓子を抱えていました。子供だった私は、それも楽しみの一つで、父を迎えると同時に紙袋の中身をチェックするというのが毎日の習慣になっていました。父も、そんな私の喜ぶ姿が嬉しかったのかもしれません。夕食が終わった後、テレビを家族みんなで観ながら、お菓子をバリバリ食べるという体にとっては最悪の習慣が招いた結果かもしれません。

私が中学生になったばかりの五月二一日に父は亡くなりました。父が四三歳の時で、私はまだ一二歳でした。私が中学校の校庭で遊んでいると、校内放送で職員室に呼び出されました。荒巻先生という担任の先生から、すぐに家に帰るように言われました。荒巻先生の目の奥に、漠然とした悲しみの色が感じられました。家に帰ったら親戚の叔父さんが迎えてくれて、「アキちゃん、お父さんが亡くなったよ」と、涙声で父の死を伝えてくれました。すでに、いろんな人たちが家の庭に集まっていました。家の中にも、多くの親戚の人たちが来ていました。

父が亡くなってから分かったのですが、病気が発覚する前にクルーザーを注文していました。

利益が毎年伸びていたので、小さなモーターボートでは満足できなかったのでしょう。

このクソボケ！

中学一年のクラス担任は、荒巻先生というプロレスラーのような男の先生でした。英語を教えておられ、教室での指導も豪快でした。当時だから許されたのでしょうが、授業中は常に長い竹の棒を持ち歩き、悪ガキに対して「このクソボケ！」と叱りながら、その棒で頭を叩いておられました。

英語の宿題や、授業で強調された超重要ポイントの質問に対して答えられなかった生徒も、偶に竹の棒で殴られることがありました。実は私も一度、答えられなかったことで殴られたことがあります。しかし、その時に分かったのですが、叩いた時の音が大きいので、周りの生徒からするとさぞ痛いのだろうと思われがちですが、実際は大した痛みではありません。音が大きくなるような竹の棒を選んで持ってこられていたことを察知しました。

とは言っても、「このクソボケ！　バシーッ!!」という罵声と音で教室内はシーンと静まりかえり緊張感が高まりますので、生徒としても大きな罰を受けたという意識は生じます。今から五〇年くらい前のことですが、凄い時代だったなと思います。ですが、その先生が多くの生徒に嫌われていたかというと、全く逆なのです。荒巻先生のことを慕っている生徒が多く、二学年から担任が変わるということもあって、一学年の授業が終了した春休みに一クラス四〇数人いた中の七割くらいが集まって荒巻先生のご自宅に遊びに行ったことを覚えています。

私は英語の塾に通ってはいたものの、国語が全くできなかったことが強く影響して英語にもかなりの苦手意識がありました。それでも、荒巻先生が顧問をされていた水泳部に入ったのです。特に、父が亡くなった私のことを心配してくださっていたことを感じていましたし、泳ぐことも気持ちよくて好きだったという動機もありました。しかも、水泳部は秋冬にはハンドボール部と一緒になって練習をするという変わった部活でした。しかし、それがかえって飽きやすい性格の私には好都合で、水泳もハンドボールもできる水泳部は合っていたように思います。ただ、他校との水泳競技大会では、いい記録は出せませんでした。

英語に堪能な自慢の叔父さん

父が亡くなってから、家の中は親戚の人たちや父の友人たちが来てくれるようになりました。父は消防団の団長だったので、多くの団員の方々が宮本家を心配して来てくれていました。消防団員で旅行に行った時の宴会の様子を録音したテープを聴かせてくれたこともありました。父は酒が飲めない分、宴会では歌を披露していたので、その録音を聴いて祖母も母も涙ぐんでいました。

親戚の人でよく泊まりがけで家に来てくれたのが、祖母の自慢の弟（近衛兵）の息子である中村光春さんと、その妻の信子さんでした。光春さんは私の叔父さんになりますが、長身のイケメンでした。岩国高校の先輩でもあり（当時、私はまだ中学生なので先輩になってはいませんが）、英語がペラペラで頭のいい自慢の叔父さんでした。祖母が光春さんと信子さんのことが大好きだったので、息子を亡くした悲しみを察して泊まりに来てくれていたのだと思います。祖母は夫も早く亡くしていたので、強い性格ではありましたが、不幸な人生だったなとつくづくと思います。

光春さんは近衛兵の血を引いているためか、体を鍛えることは欠かさなかったようです。中学一年生のころの私は、背が高いだけで腕力があまりありませんでした。叔父として、そんな私を逞しい男に変えようとされたのか、「ブルーワーカー」という筋トレの器具をプレゼントしてくれました。自慢の叔父さんのプレゼントだったので、素直に筋トレを毎日するようになりました。半年もしないうちに、自分の体に変化を感じるようになってきました。それは確実な手応えとして実感されるようになり、努力が実っていく嬉しさも手伝って、筋トレが私の毎日の習慣になっていきました。その反面、中学一年生からの私の身長はあまり伸びなくなってしまいました。

ソフトボールのチームメイトと登校

近所の人たちも心配してくれる人が多くいました。当時は子供の数も多かったので、小学生時代にはソフトボールのチームが地域毎に沢山ありました。その同じチームに山田くんという友達がいて、彼が四番で私が三番バッターでした。特に彼と仲が良く、中学三年間は毎日一緒に歩いて登校していました。

彼の家の隣に、平田さんという同じ自治会の三歳年上の男の人が住んでいました。山田くんの家で遊んでいる際、何度か平田さんの部屋に一緒に遊びに行った覚えがあります。平田さんは私の中でヒーロー的な存在でした。特に、身体能力に優れ、側転から数回連続してバク転をし、最後にバク宙をするという技ができると聞き、すごく憧れていました。

山田くんとは高校が別になって付き合いはなくなりましたが、中学三年間は本当にお世話になりました。高校時代のエピソードにも書きますが、私は朝が弱く、ギリギリまで寝ていて、毎朝母を怒らせていました。そのしわ寄せを山田くんが毎日のように被ってしまっていたのです。中学校と二人の家の位置関係から、山田くんが私の家に迎えに来ていました。つまり、毎日のように山田くんを待たせてしまっていたのです。人に迷惑を掛けてはいけないという母の思いが毎朝の怒りに変わっていました。自分に甘く、朝に弱い私でも、無遅刻で中学三年間を全うできたのは、間違いなく山田くんのお陰だったのです。

人助けと無縁仏の供養

親戚の人たちが次第に来なくなると、その代わりに父の知人だった正兼哲雄さん（以後、正兼のオイサン又はオイサン）が心配して私の家に来てくれるようになってきました。

ここで、正兼のオイサンについて、私が記憶している範囲でご紹介しておきます。

昭和三年一一月に岩国市に生まれ、元は樽屋という名字でした。父親の仕事の都合で幼少期は満州に住んでいたこともありました。両親の離婚で名字が正兼に変わり、祖母に育てられました。その女性は「おがみやさん」と呼ばれていた人で、霊的な特殊能力を使って多くの人々の問題を解決していました。そんな霊能力者である祖母に育てられた正兼のオイサンは、「人助けをすること」「無縁仏の供養をすること」を祖母から教育されました。「人助けと無縁仏の供養がワシの使命じゃ！」と、何度となく話していました。そんなこともあって、とても信心深い人で、宮本家も毎年、オイサンの無縁仏の供養（錦川におむすびと酒を積んだ灯籠を流す）に参加しました。また、お大師さん信仰と称して、弘法大師とゆかりのある地に何度か一緒に行ったこともあります。

オイサンは一六歳で志願兵として海軍に入隊しました。根っからの軍国少年でした。日本がアメリカに負けたことを悔しがる発言を何度も聞いた覚えがあります。海軍で鍛えただけに、高い所からの飛び込みの技術はずば抜けていました。一緒に川に遊びに行って、高い崖をよじ登って、私の目の前で飛び込みを見せてくれたこともあります。今ではテレビで高飛び込みの選手の競技を見ることができますが、正にあのような見事さでした。

戦争に行って命拾いをした体験談は、凄まじいものがありました。

何百人もの海軍兵が軍艦に乗って太平洋を航行している時、アメリカ軍の爆撃機に攻撃され撃沈されたそうです。その何百人の中で唯一助かったのが正兼のオイサンでした。海に投げ出され、必死になって沈んでいく軍艦から泳いで離れながら、力つき、海の底へ沈んでいく兵士たちをオイサンは見送りました。そんな中で不思議にも、偶然オイサンだけは海に浮くものを掴むことができたのです。海面には数センチの油が浮いていて、その浮き輪の代わりになる物体によって命を救われました。それは祖母の信仰によるものだと信じて疑わなかったそうです。そんなこともあり、祖母から受けた教育である「人助けと無縁仏の供養」はオイサンにとって絶対的なものになっていったのでしょう。

オイサンは終戦後、岩国商業高校を卒業し、一人で酒屋を経営することになりました。運よく酒屋の権利を安く手に入れることができたそうです。

オイサンはある時期から選挙運動をするようになっていきました。生まれも育ちも岩国で、酒屋という仕事柄、地元の事情に精通し、口八丁手八丁な性格も手伝って、立候補する人が正兼のオイサンに選挙運動を依頼するようになっていったのです。そのためか、岩国のほとんどの重鎮と仲良くなっていきました。オイサンにとっては、選挙運動も人助けの延長だったようです。余談ですが、笑い話として本人が話していたのですが、選挙違反で刑務所に入った経験もあったそうです。

　もちろん、普段は酒屋の主人として収入を得なければなりません。その一環でオイサンは、宮本自動車整備工場によく営業を兼ねて遊びに来ていたのです。工場の事務所には、いつも多くの人々が出入りしていました。特に、トラックを何台も所有する会社の社長やトラックの運転手の人たちが多く、そんな人たちは酒飲みが多かった。お中元・お歳暮の時期になると事務所にいるだけでオイサンにとって最高の営業になったようです。これは私の母（当時、代表婦人兼事務員）から聞いた話ではありますが。

　オイサンには五歳年下の妻（正兼のオバサン）がいて、酒屋は二人で経営していました。オバサンは常に店に座っていて、直接買いにくるお客に対応していました。オイサンは外出していることが多く、営業を兼ねていろんな所に出入りし、その合間に配達をするという様子でした。私も、中学・高校時代にお中元・お歳暮の忙しい時期に配達を手伝ったことがあります。オイサンは情の深い人間味にあふれた人でもありましたが、オバサンは対照的な性格というか、常に冷静な印象がありました。

　正兼のオイサンが家にやってくると、暗く沈んでいた宮本家がパッと明るくなっていました。

オイサンは週に二～三回程度の割合で、夕食が終わったころを見計らってやってきて、一回あたり一時間から二時間、いろんな話をしてくれました。もの凄い読書家で、読んだ本の内容を話してくれることもよくありました。オイサンが講師で、受講者が祖母と母と私と弟の四人です。この一時間から二時間というのは、『ロゴスドン』の特集インタビューと同程度の長さで、私が直に知識人の話を聞いて楽しんだ最初の体験だったと思います。

オイサンは特に、哲学の重要性を説いてくれました。それまでは聞いたことのない言葉でしたし、話を聞いても意味はよく分からなかったのですが、「哲学」という言葉だけは私の心に残っていきました。人間には原理原則が大切だという話の流れで哲学という言葉を使われていたように思います。そのオイサンとの関わりが、私が哲学雑誌を創刊する最大の要因になりました。オイサンが亡くなった数ヶ月後に、『ロゴスドン』を創刊することになったのです。

ともあれ、宮本家の環境はオイサンによって激変しました。私が小学生までの父が元気なころは、夕食後はお菓子を食べながら、みんなでテレビを観るという生活習慣が一転して、四〇歳代の男性が宮本家のリビングで講義のようなことをするようになったのです。今の時代ではとても考えられない人間関係だったと思います。オイサンのように無償で他人の家庭に入り込んで世話をすることは、今のような時代では、なかなかできないことでしょう。

読書家のオイサンは、私が全く本を読まないことを心配して、ルパン三世の本を買ってくれました。漫画本ではなく、文字だけの小説本です。日数はかかりましたが、私が生まれて初めて最初から最後まで読み切ることができた本です。オイサンには私が通っていた中学校の先生に親友（広兼先生）がいて、私の学校での成績を知っていました。今と違って当時は情報管理が緩かったというか、いい意味で融通が効いたのでしょう。先生からの体罰も当然のようにあった時代です。オイサンと同年代の広兼先生は、特に悪ガキに対しては激しい体罰を与えておられました。

子供がいなかったオイサンは、休日には今でいう各種のアウトドアも体験させてくれました。キャンプ、川下り、スキューバーダイビングと、本当の父親のようなことをしてくれました。オイサン自身も一緒に楽しんでいたことが子供の心にも伝わってきて、私自身も気兼ねなく楽しめるようになっていきました。特に印象に残っていることは、大雨が降った翌日に錦川の上流からゴムボートで川下りをしたことです。水かさが増していたために、途中の橋の底にゴムボートが引っかかってくの字に折れ曲がり、川に投げ出されてしまいました。

父が病気になる前に発注したクルーザーの件も、オイサンが上手く処理をしてくれたそうです。宮本家は地元では大きめな地主でしたので、祖母が生きている中で財産分与をするのは困難を極めるところでしたが、宮本家のその後のことを考慮して見事な手腕を発揮してくれました。そのお陰で、父が亡くなった後も、経済的に困窮することはありませんでした。多くの恩人・恩師のお陰で今の私がありますが、正兼のオイサンは恩人を超えた存在でした。

塾の先生のお陰で数学が得意になった

恩師として挙げなければならないのは中学一年から三年間通った数学の塾の坂本先生です。当時は岩国工業高校の数学の先生をされていて、副業として近所の中学生を対象にした数学の塾をされていました。私は小学生までは算数が苦手でしたが、坂本先生に教えてもらうようになって数学が大好きになり、中学時代は体育に加え、数学の授業が楽しくて仕方なかった。先生のご自宅の一部屋を教室にされ、夏はステテコで授業をされ、リラックスした雰囲気が私の性格に合っていたのでしょう。年齢は私の父親世代で、父が亡くなったことで特に気にかけてくださったのか、私が理解できていない箇所は分かるように説明してくださいました。

私だけではなく、生徒がどこに引っ掛かっているのかというポイントを上手く教えてくださる先生で、評判が良くて、スペースの限界まで生徒が増えていきました。しかし、私には定位置があって、先生の真正面に座り、私が分かっていないことを即座に察知され、分かるように教えてくださいました。勉強だけではなく、私がトイレに行きたいのを我慢していて、もう限界だという時、「宮本、トイレに行ってこい！」と言ってくださったのです。あの時は本当に助かりました。そんなことまで、生徒の状態をよく観察されていたのです。坂本先生のためにも数学は絶対に満点をとるという気持ちになっていきました。

学校でも数学の時間が待ち遠しく、「分かる人？」と中学校の先生が生徒たちに聞くと、誰よりも早く「はい！」と手を揚げることができたのです。坂本先生の塾の授業の進め方は、必ず学校の授業の予習になるようにされていました。ですから、学校の授業が分かって当たり前なのですが、私にとって他の教科は中学二年生までは体育以外ほとんど苦手だっただけに、この数学だけは譲れないというプライドもありました。中学校の三年間、数学のテストはほぼ満点を取ることができて、社会人になってから数学の塾の講師試験にも合格できたのです。

致命傷になりかけた中学英語も、塾の先生のお陰で平均レベルに

中学英語で躓くようでは進学校の受験は厳しいというのが常識的な見方だったと思いますが、私は躓いていました。しかし、致命傷にならなかったのは、英語の塾の先生のお陰でした。

通っていた岩国中学校で英語を教えておられた広兼先生がご自宅で塾をされていたのです。正兼のオイサンの親友で、塾の授業の休憩時にオイサンの話を私に振ってこられることも多々ありました。

ただ、数学の塾に通うのは楽しくて仕方なかったのですが、英語の塾に通うのは苦痛でした。

たぶん、塾の中で、私が一番、英語の成績が悪かったからだと思います。決して、広兼先生が嫌いだったわけではありません。どんなに上手に教えて下さっても、私の脳が英語に馴染まないのです。それでも、正兼のオイサンの手前、親の手前、我慢して通っていました。

当然、広兼先生も私の理解状況を把握されていたと思います。そんな私が致命傷にならないような英語の教え方をされたのだと思います。テストでは、何故か、平均レベルの点数が取れていました。広兼先生も、私の恩人の中に入ります。

一年間で奇跡の一〇〇人抜き

中学二年生まで、私はあまり勉強が得意ではない友達と遊んでいました。夏休みには周防大島にそんな友達数人とキャンプに行ったり、出雲市の国民宿舎に泊りがけの旅行をしたり、坊主頭（当時、岩国中学校の男子は全員坊主）ながら、気の合う複数の友達と中学生活を楽しんでいました。

佐々木くんが発起人で四人グループを作り、休み時間にフォーリーブスの曲を練習した時期もありました。それを録音して『スター誕生』に応募しましたが、連絡は来ませんでした。当時は、本気で将来は歌手になりたいと思っていました。雑誌の『明星』は必ず買っていましたし、その中のポスターを部屋の壁にベタベタと貼っていました。小学高学年では圧倒的に天地真理が好きでしたが、中学生になってからは山口百恵に代わっていました。歌番組は大好きで、フォーリーブスや郷ひろみや西城秀樹や野口五郎の曲はテープレコーダーに録音して聴いていました。

中学三年生になるとクラス替えが行われました。その時に、河本くんが私と前田くんと有安くんを掴み、「この四人でグループになろう！」と言ったのです。それまでは話したこともなかった河本くんの行動に呆気に取られていましたが、小学校が一緒だった前田くんも有安くんも、「そうしよう、そうしよう！」と言ったので私も同意し、クラス替え初日に四人グループが誕生しました。

私以外の三人は優等生であることが直ぐに分かりました。因みに、河本くんは広島大学の医学部に合格し、現在は開業医をしています。私の人生を大転換させたのが、その河本くんだったと言っても過言ではないでしょう。彼の家に遊びに行って、自分の部屋との違いに刺激されたり、勉強の要領を自然と学んでいったように思います。他の二人も河本くんに対抗するかのように勉強するので、二年生までの自分とはまるで違った学校環境に激変しました。

三年生になったばかりの模擬テストでは学年で一八〇番台だったのが、高校入試前の最後の模擬試験では八〇番台になり、担任の先生に、「よし、これなら岩国高校に受かるぞ！」と太鼓判を押してもらえました。当時の岩国高校は山口県内で一、二を争う進学校で、岩国中学校で常に一〇〇番以内にいないと合格できないとされていました。当時の岩国中学校には、一学年で三〇〇人以上の生徒がいました。

一年間での私の成績の上がり方を「奇跡だ！」と言った先生もいました。相変わらず本は読まなかったので国語や社会は苦手でした。しかし、四人グループの有安くんが常に国語が満点の文系人間で、いろんなアドバイスもしてくれて致命傷にはなりませんでした。高専に進学した前田くんからも学習の仕方を学ぶことができました。圧倒的に成績がいいのは河本くんで、彼はよく私に社会の暗記の仕方を教えてくれました。『学年ビリのギャルが1年で偏差値を40上げて慶應大学に現役合格した話』（坪田信貴　著）【KADOKAWA】は映画化されましたが、私の中学三年生の一年間もそれに近いものがあったように思います。

第三章
俺は絶対に医者になってみせる

県内トップクラスの進学校に合格

多くの人たちのお陰で、当時は県内トップクラスの進学校だった岩国高校に合格できました。正兼のオイサンも家族も親戚もみんなが喜んでくれました。

特に、正兼のオイサンは大喜びで、数日後に「俺は絶対に医者になってみせる」と書道の筆で書かれた大きな紙を持ってきて、私の部屋の壁に貼り付けました。そして、これを毎朝毎晩三回ずつ、声に出して必ず読むようにと私に指示しました。私はオイサンを信頼していましたので、言われた通り、毎朝毎晩、欠かさず素直に声に出して読みました。すると、次第に、私は将来医者になる人間なのだと思い込むようになっていったのです。

さらにオイサンは、私が広島大学の医学部に合格したらセリカリフトバックを買ってくれると約束してくれたのです。当時、私が憧れていた車でした。自分の部屋にも、その写真を貼っていました。私には中三の時の成功体験がありましたので、絶対に医者になれると心から信じるようになっていきました。

高校一年生の時は、まだ男子は全員丸坊主で男子ばかりのクラスでした。理数科以外は文系・理系と分けられていませんでした。いろんな中学から入学してきたクラスメイトを見て、みんな頭がいいのだろうなと思っていましたが、段々、そうでもないと気付くようになっていきました。そして、「俺はこの中でトップレベルの学力を身に付けるのだ」という秘めた想いを持つようになっていったのです。

　そんな想いもあってクラブ活動はやらないか、または文化系に入ろうかと思っていました。しかし、小学・中学と長年培われた器械体操への価値観からは抜け出せず、体操部があることを知ってからは気になって仕方がなくなり、思い切って体操部が練習している体育館へ見学に行ったのです。

倒立競争で三年連続優勝

　広島大学の医学部志望は大前提だったので、部活に専念するつもりはサラサラありません。ユル〜クやれる部活なのかどうかが私の入部の条件でした。そんな私にピッタリな部活が岩国高校体操部だったのです。先輩方は優等生っぽく見え、三年生になると受験勉強を優先させるために、ほとんど練習に参加しなくなる部活でした。

　入部を申し出ると、快く受け入れてくれました。中学が一緒だった吉田くんと藤田くんも後に入部したので、三人の一年生が参加するようになりました。当時の主将は三年生の田村さんでしたが、受験勉強のために、一緒に練習したのは数回くらいだったと思います。

　体操部は鉄棒のある校庭で練習することもありましたが、主に体育館の中で練習していました。バレーボール部とバスケットボール部の間に挟まれて、あまり声を出さずに黙々と細々と練習をしていました。城石先生という若い男の先生が顧問でしたが、ほとんど練習場所に来られませんでした。

すでに私は中学時代にバク転だけでなく側転からのバク宙や、その場に立った状態でのバク宙（タッチュウ）ができていました。入部早々にその技を披露すると、「おお、すごいね！」と先輩方に言われ、すぐに体操部に馴染んでいきました。

しかし、高校では体操技術は全く向上しませんでした。たぶん筋トレのしすぎが原因だったと思います。身長は高校時代に一七三センチで止まりましたが、体重は七〇キロを超えていました。体操競技には不向きな体になっていたのです。吉田くんは私よりずっとセンスが良く、私が結局できなかった側転から数回続けてバク転をする技を身に付けました。

私が高校二年生になったころ、新入生に向けてクラブ活動への勧誘演説会が体育館で開催されることになりました。先輩の指示で私が演説をし、その後ろで吉田くんが側転からバク転を何度も繰り返して、壇上を右端から左端へ横切るというパフォーマンスをやることになりました。私は当時あがり症だったので演説は嫌でしたが、壇上パフォーマンスは圧倒的に吉田くんが優っていたし、すでに藤田くんは練習に来なくなっていましたので仕方ありませんでした。

三年生の先輩方は、私の演説を体育館で聴いていましたので、後で感想を聞いてみると、私の声が小さくて聞こえなかったそうです。吉田くんのパフォーマンスには歓声が上がっていた

体操部の先輩方と周防大島でキャンプ（ギターを弾いているのが私）

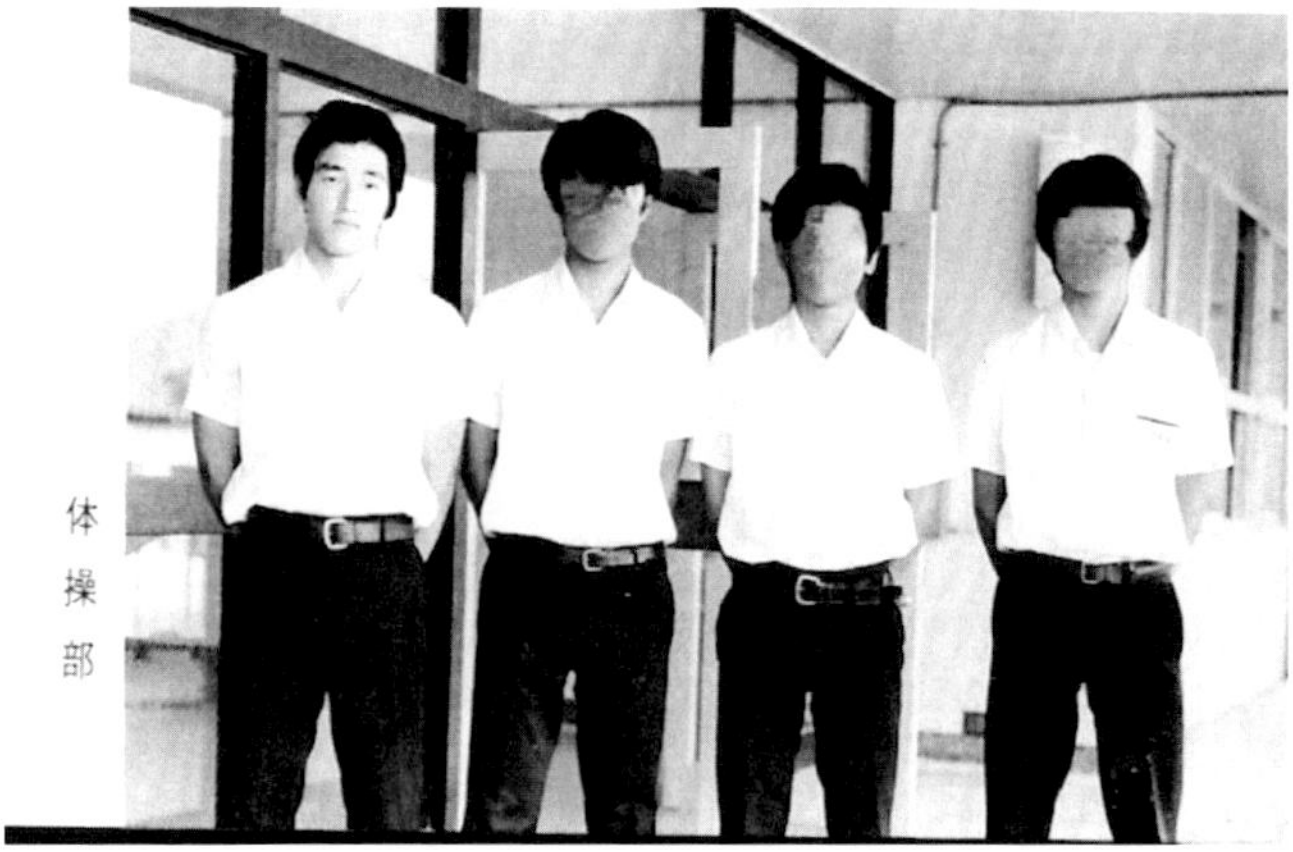

向かって一番左が私。卒業アルバムに掲載された体操部だが、他の３人は偽部員

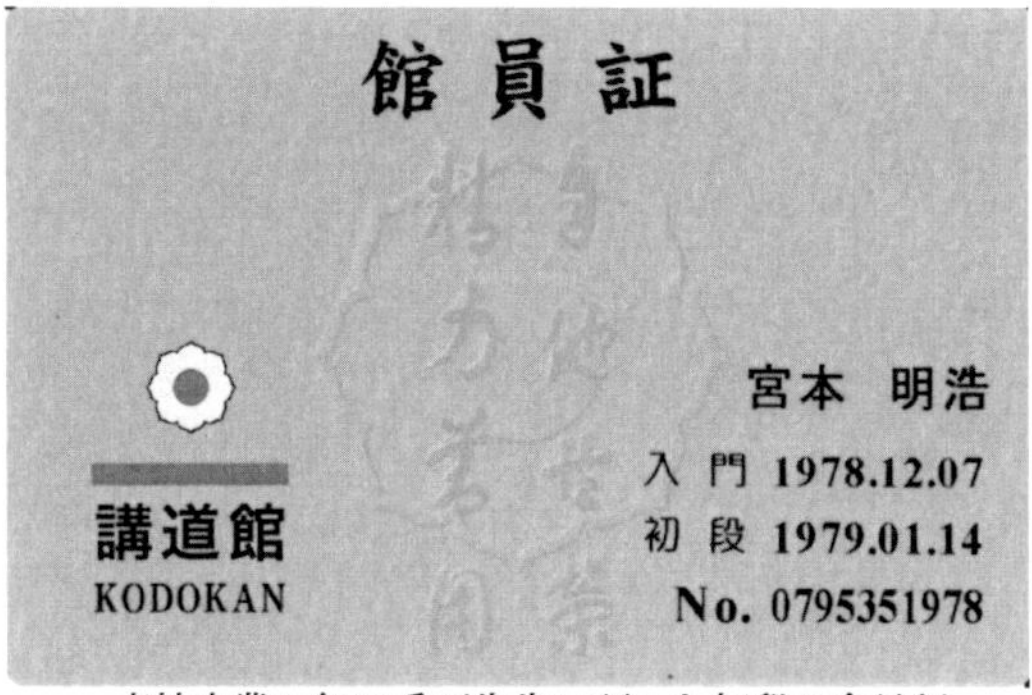

高校卒業の年に香西先生に頂いた初段の会員証

ので、それに関しては成功だったようです。残念ながら、体操部に新入部員は一人も入りませんでした。

いい事もあって、体操部員は率先して運動会の倒立競争に参加していました。逆立ちで歩く距離を競うのですが、私が三年連続して優勝しました。特に私は腕力が強かったので、一年生の時でも、前年に優勝された主将の田村さんに勝ってしまいました。二年の時も三年の時も、倒立競争では優勝しました。

森田さんという一学年上の先輩は特に気にかけてくれ、偶に私の家に遊びに来てギターを教えてくれました。同級生の藤田くんと一緒に一学年上の先輩方数人と、夏休みに周防大島の片添海水浴場でキャンプをしたことが印象深く残っています。

広島大学の医学部を志望

高二からは文系・理系にクラス替えをされたのですが、当然私は医学部志望なので、理系クラスに進みました。すると数学が得意な生徒ばかりで、先生の数学の授業の進め方も変わりました。心の拠り所だった数学の授業も、徐々に分からないことが増えていきました。一生懸命に勉強しているつもりなのに、全く成績には反映されませんでした。数学の授業が徐々に辛くなっていきました。それでも、国立の医学部を受験することを諦めようとはしませんでした。

高校三年に上がると理系のクラス替えが行われました。理数科だけは三年間同じクラスでしたが、高校二年になる際に振り分けられた一組から三組までの理系クラスを、成績優秀者だけ一組に集めたのです。授業の進め方も一組はハイレベルにしたかったのでしょう。国立の医学部受験なら当然一組に入っていなければなりませんが、私は二組に振り分けられました。高校二年生での成績からすれば当然といえば当然なのですが。

高校三年生になって、間もなく英数国の全国模擬試験が行われました。英語と国語が酷く、三〇〇満点で九九点しか取れませんでした。その直後、三年生全員の進学希望調査が行われ、迷わず私は広島大学医学部と記入しました。

その時期から教員室で、私のことが問題視されるようになったようです。ある数学の先生が他の教室の授業中に、「模擬試験で合計一〇〇点以下の者が国立の医学部を志望している。そんなバカなことをするな！」といったようなことを言われたそうです。

私の家にはそれまでに､学校の同級生が複数人遊びに来たことがありました。部屋の壁の｢俺は絶対に医者になってみせる」という貼り紙を見て、彼らは毎回失笑していました。多くの同級生が私の医学部志望を知っていた可能性は高いと思います。その数学の先生の発言は、回り回って私の耳にも入ってきました。そのころから、次第に、私の中の信念に若干の揺らぎが生じるようになっていったのかもしれません。

高校三年生になって、三つの部活から勧誘される

高校三年生からは、柔道か剣道かを選択できる武道の時間が始まりました。当然、私は体力に自信があったので柔道を選択しました。柔道部顧問の香西先生が柔道の授業を担当されました。高校三年生の私にとって学校の授業は、物理と体育と柔道だけが楽しい時間になってきました。その他の授業はすべて苦痛でした。三つの楽しみの授業の中でも、最高に楽しかったのが柔道の授業でした。そんな私の気持ちが伝わっていたのか、香西先生は何度も柔道部に入るように誘ってくださいました。

同じ二組のクラスメイトに、柔道部に所属していた明本くんがいました。彼を介しても、何度も入部の勧誘をしてくれました。今から柔道部に入れば必ずインターハイ選手になれる、大学には柔道のスポーツ推薦で入学できる、といった言葉を何度もかけてくれました。香西先生にも私の学業成績は伝わっていたのだと思います。残りの一年間、柔道に打ち込むことで将来が開けるといった誘いの言葉でした。

陸上部の金丸くんからも何度か勧誘されました。金丸くんは陸上競技で国体に出場した選手でした。高校三年生の時に身体能力テストがあって、私は二〇〇メートル走で二五秒九の記録を出したのです。これが陸上部顧問の池元先生の目に止まり、金丸くんを介して入部を勧めてくれたようです。

意外だったのが、そのすぐ後に、バレーボール部から入部の勧誘があったことです。バレーボール部は体育館の体操部の横で練習をしていました。先ほども書きましたが、体操部は三年生になると受験勉強のために練習に出なくなります。私の下の学年は一人も入部しなかったので、活動休止の状態になっていました。身体能力テストで私は垂直跳びで七六センチの記録を出しました。それがバレーボール部の顧問の先生の耳に入ったのかもしれません。学業以外の能力で将来を切り拓け、といったお誘いが続くのですが、当時の私には、どうしても将来は医者という思いがありましたので断り続けました。

一番熱心に誘ってくださった柔道部の香西先生には心から感謝しています。先生のお陰で、大学では柔道部に入り、私の人生の大きな心の支えを築くきっかけとなりました。それに加え、高校の柔道の授業で優秀だった生徒として私を選んでくださり、高校卒業前の一月に講道館の初段を授与してくださいました。体操部だった私にとっては、嬉しいプレゼントとなりました。

広島大学の理学部・不合格

私が高校三年生の時に共通一次試験が始まりました。その点数と二次試験の合計点で、大学の合否が決定されることになったのです。これも、私にとっては幸運なのではないかという思いがありました。頑張れば頑張るほど、共通一次試験の点数を上げることができるというイメージを持っていました。

三年生の時の担任は安部先生で英語を教えておられました。中学英語は何とかなっていたものの、高校英語は特に苦手な教科になっていました。努力はしているのに英単語が全く憶えられませんでした。高校時代も本は読まなかったので、文系の科目には苦戦しました。安部先生は、「社会の教科書を丸暗記しろ。何ページに何が書いてあるかが丸々頭に入るように、何度も手垢で黒くなるほど繰り返し見ろ！」といったような専門外の教科のアドバイスもくださいました。文系の科目は根性で何とかなるといった言われ方だったたと思います。安部先生のお陰で、丸暗記が功を制し、五教科七科目の共通一次試験の合計点はある程度は取れるようになっていきました。中学三年生の時のような奇跡が起こることを信じていました。当時、四通五落という定説があり、私もその通りに計画表を作成して四時間睡眠で頑張りました。

ところが、結局、奇跡は起こりませんでした。国立の医学部を受験できる点数には程遠い共通一次試験の結果となってしまいました。身の程知らずの私は、やっと現実を受け入れることができました。そこで、唯一点数が取れていた物理で二次試験を受けることができる理学部受験に変更しました。散々大きな口を叩いてきただけに、山口大学を受けて落ちると格好がつかないという思いもあり、広島大学の理学部を受験しました。残念ながら不合格でした。

予備校初日に運命の出会い

浪人時代は広島市内にある広島英数学館という予備校に通いました。自宅から電車で片道一時間くらいの通学になりました。西岩国駅で乗車し、岩国駅で乗り換え、己斐駅まで行って、市内を走る路面電車で予備校近くまで行くのです。

予備校生活の初日に、西岩国駅で乗車すると、その電車に箕浦くんが乗っていました。彼とは中学校も一緒でしたが、仲良しグループが別々でしたし、高校も彼は文系だったので、ほとんど一緒に遊んだことがありませんでした。しかし、隣の席が空いていたので一緒に座り話し始めると、彼も同じ広島英数学館に通うことになったことが分かりました。直ぐに意気投合し、昔からの親友であるかのように、二人一緒の浪人生活がスタートしました。

彼は岩国高校時代に野球部の四番バッターとして活躍していました。立命館大学に入って野球をやりたいと、目標がはっきりしていました。その一方で、私は医者になるという目標はすでに消滅していました。理学部も二次試験間際に変更しただけであって、どうでもよかったのです。彼と色々話しているうちに、私の世界観が変わっていったように思います。

そんなわけで、箕浦くんと通学する予備校生活が始まったのですが、岩国という田舎と違い広島市内は都会で誘惑に溢れていました。電車に乗っていても英単語を暗記しようとか、そんな気分にはなれませんでした。それでも一～二ヶ月くらいはお互いに勉強を頑張ろうとして、予備校帰りには待ち合わせをして、広島市立図書館の自習室に行ったりしていました。しかしそのうちに帰りの途中、己斐駅近くにあった喫茶店に寄り、二人でインベーダーゲームをするようになったのです。彼はゲームのセンスも良く、高得点を叩き出していました。

彼には藤岡くんという親友がいて、休みの日に私に紹介してくれました。藤岡くんは高校時代に柔道部にいたことは知っていました。それで、香西先生のことを話したりして、直ぐに彼とも仲良くなりました。すでに藤岡くんは広島の大学に通っていて、大学でも柔道部に入っていました。香西先生に初段をもらったことと二段も取りたいことを話すと、彼は後日私を市内の柔道場（岩国警察の柔道場？）に連れて行ってくれました。そこには二段の高校生が数人待っていて、「こいつらを五人抜きしたら二段をやるぞ！」と、柔道の師範のような人が言ったのです。浪人になっても筋トレは続けていて、高校時代よりもさらに強くなっている気がしていたので、五人抜きくらいできるだろうと思い応じました。私は特に寝技には絶対的な自信を持っていましたので、立ち技をかけると見せ掛けて寝技に持ち込みました。ところが、簡単に抑え込めると思っていた一人目の高校生が想像を絶する強さで、時間切れで結局引き分けになってしまいました。

寝技で勝てなかったことに私は大きなショックを受けていました。自分のスタミナのなさにも愕然としていました。全身の筋肉がパンパンになり、すでに力が入らない状態になっていました。五人抜きという条件だったので、もう帰ろうかと思っていたら、「コイツともやってみろ」と師範のような人に言われ、仕方なく応じると、簡単に一本を取られてしまいました。

その後、藤岡くんは岩国高校の柔道場に私を連れて行ったのです。顧問の香西先生が待っておられ、「どうだった？」と興味深そうに藤岡くんに聞かれました。「○○に引き分けましたよ！」と報告すると、「おお、そうか！」と感心されていました。私には、そのやりとりの意味がよく分からなかったのですが、よく聞いてみると私が最初に対戦した高校生はインターハイ選手だったそうです。二番目に戦った選手の実力は、それ程でもなかったそうですが。それを聞いて腕力だけでは柔道は勝てない。我流だと変な力の使い方をする。部活でしっかりと練習を積まないと、技だけでなくスタミナがもたない、そんなことを学びました。藤岡くんのお陰で、貴重な経験をさせてもらえました。私が大学に入学した際に、自ら柔道部に入る動機につながる経験となったのです。

『太陽にほえろ！』のブルース刑事になった又野誠治くん

私が浪人時代に藤岡くんに紹介され、又野誠治くんと会ったことがあります。彼は相当のヤンチャで、刑務所から出たばかりのころでした。改造バイクで一人で岩国工業高校に乗り込み、散々威嚇して行ったとか、警察官三人に追いかけられたが振り切ったとか。又野くんは小川を飛び越えることができたが、警察官は三人とも飛び越えられなかったとか、彼のいろんな噂話を聞いていました。破天荒なだけでなくもの凄い身体能力だと、彼に興味を持っていました。

又野くんは藤岡くんと仲が良く、夕暮れ時に国道沿いの自動販売機が何台か設置されている場所で三人で会いました。私が「刑務所はどうじゃった？」と聞くと、「毎日、腕立てしちょったよ」という返答だったことを覚えています。又野くんは私と同年齢なので、その時は一九歳だったと思いますが、すでに上京することを決意していました。数年後に石原軍団に入ったこと、『太陽にほえろ！』のブルース刑事になったことを後で知ってすごく嬉しかった。私が東京で夢を追っている時に、同じ東京で活躍している彼の存在に勇気付けられました。

彼が出演するようになってからは、ビデオに録画して必ず『太陽にほえろ！』を観るようにしていました。何回目だったかは忘れましたが、石原勇次郎さんがふざけて又野くんの二の腕を拳で殴りました。するとして事務所で談笑しているシーン）で、石原勇次郎さんがふざけて又野くんの二の腕を拳で殴りました。すると、勇次郎さんは拳を振って「イテーッ！」といった仕草をされたのです。又野くんの二の腕の筋肉が硬くて、反対に拳の方が痛かったという印象でした。あのシーンは、いつまでも私の脳裏に焼き付いていました。石原裕次郎さんのような大物に、あんな戯れ合い方をされている又野くんが本当に誇らしかったのです。その後はVシネマなどで活躍され、何度かレンタルビデオ店で借りて観た覚えがあります。

浪人時代に車の運転免許取得

箕浦くんは藤岡くん以外にも、村重くんをはじめ数人の友人を紹介してくれました。高校時代の野球部員もいましたが、彼の人脈の広さには感心していました。特に夏休みになるとすでに大学生になっている同級生が何人も帰省してきて、車で一緒に遊びに行くことも増えてきました。村重くんは東京の大学に進学しましたが、別々の大学になってからも付き合いが続き、彼の結婚式にも私を招待してくれました。

当時の岩国高校では男女交際が公に禁止されていました。当然、運転免許取得も禁止されていました。厳しい校則から解き放たれた一〇代後半の目標を失った若者にとって、集中して受験勉強をするのは酷といえば酷でした。田舎では車は最高の遊び道具で、同級生とドライブしていると、自分も運転したいという欲求が高まっていきました。その思いは箕浦くんも同じで、一緒に車の運転免許証を取ることにしました。

その頃には、母も正兼のオイサンも、私には勉強はあまり向かないという諦めもあったように思います。特に母は、今からでも自動車の整備士になってもいいという考えがあったようです。父が経営していた整備工場は、建物ごと福村自動車に賃貸していました。正兼のオイサンが社長の福村さんの人柄を高く評価して賃貸借の世話をしてくれたのです。そんなこともあって、母は私が運転免許証を取ることに反対しませんでした。

夏休みが終わるころには、箕浦くんも私も車の運転免許証を取得し、ドライブを楽しむようになりました。予備校の授業は欠席することが増えていきました。そして、学力はほとんど上がらない状態で、共通一次試験の日がやってきました。結果は、現役時代よりも低い点数となってしまいました。広島大学の理学部は無理だと思い、二次試験が体育実技だけだった教育学部を受験しました。体育実技なら広島大学を受験する連中よりは優れているだろうという考えでしたが、結果は不合格でした。

そのころは、早く大学に入って遊びたくて仕方なかったので、複数の私立大学も受験しました。その結果、三つの大学（日本大学・理工学部、広島工業大学・工学部、松山商科大学・経営学部）に合格しました。理系の大学は実験で遊んでばかりはいられないという情報も入っていたので、文系の松山商科大学に進学しました。箕浦くんは当初の目標通り、立命館大学に合格し野球部に入部しました。彼は現在、自分で設立した会社の社長を務めています。

第四章

支離滅裂な大学生活

松山商科大学の柔道部に入部

浪人時代の昇段試験の経験から、松山商科大学（以後、松大）では柔道部に入部しました。浪人時代でも筋トレだけは続けていたので、さらに体力は増していました。柔道部に入ると自分がどこまで強くなれるのか試してみたいという思いもありました。香西先生から黒帯をもらっていたので、それを持って柔道部に行くと、先輩方はとても歓迎してくれました。

入部早々、四回生の主将が「ちょっと、やってみるか！」と、私を練習相手にしました。いいチャンスだと思い得意の寝技に持ち込んで、しばらく抑え込みました。それを近くで見ていた副主将が、「お前、寝技強いな！」と言ってくれたのです。

副主将（名前は忘れました）は、休日に私を呼び出し、どこかの体育館に連れて行ってくれました。そこでは数人がレスリングの練習をしていました。「お前はレスリングに向いていると思うぞ。俺は休日に練習に来るので一緒にどうだ」といったお誘いでした。確かに柔道の寝技に似たような動きは多いと思いましたが、貴重な休日を使ってまでやりたいという気分にはなれませんでした。

入部して間もなく、道後の温泉街で新入部員歓迎会が開催されました。新入部員は私を含め七人で卒業生も大勢参加され、総勢二〇〇人以上はいたように思います。新入部員が一人ずつ立っては自己紹介をしたと思いますが、何を喋ったかは覚えていません。私は父の下戸の遺伝子を引き継いでいて、アルコールは極度に弱い体質です。しかし、先輩方が次々とお酌に来られ、断ることもできずに飲んでいくと、そのうちに急性アルコール中毒になってしまったのか、気が付いたら救急車で病院に運ばれていました。

松大柔道部は早朝練習をやっていました。毎朝五時から六時くらいまで、松山城が立つ山の下から頂上までの山道を数回ダッシュで往復し、その後でバーベルを挙げたりする筋トレをしていました。筋トレの際には、愛媛県警の機動隊の人たちも参加されていました。大学の柔道場にも、たまに愛媛県警の人たちが来られていて、その中に濱田さんというオリンピックＡチームに所属されていた松大卒の先輩がおられました。四回生の主将のことを「シンジ」と下の名前を呼び捨てにされていたことが印象深く残っています。私の体型が濱田さんと似ているということからか、とても気にかけてくださるようになりました。

松大柔道部は試合前には全員五厘刈りにする決まりがあることは入部した後で知りました。一回生の夏休みが終わるまでは、自由な髪型が許されていました。夏休み前になると、柔道部の一学年上の先輩に「大学生活最後の夏休みだから楽しんでこい」と言われたのです。二回生から、夏休みにも柔道部の練習があるということが分かりました。当時はディスコ全盛期で、四国の松山市内にも四軒のディスコがありました。その一軒でウェイターのバイトを募集していたのです。大学の夏休みは二ヶ月近くあったので、ディスコのウェイターとして通用する髪型でいられるうちに経験しておこうと思いたち急いで応募すると、あっさりと採用が決まりました。カリフォルニアシティという店名の松山市内で最大のディスコでした。

どこから情報が漏れたのか分かりませんが、愛媛県警の濱田さんが私のバイト先のディスコに遊びにきて下さったのです。綺麗な女性とご一緒で、私が濱田さんのテーブルの空き皿を片付けにいくと、「頑張れよ！」と言って五千円もチップを下さったのです。本当にカッコいい方でした。バイトのウェイター仲間に、「あの方は、いずれオリンピックに出るから、よく見ておけよ！」と自慢した覚えがあります。

ディスコのバイトが楽しくなり、夏休みが終わるころになると柔道部を辞める決意をしていました。勿論、容易に辞めることはできません。すったもんだあった末、最終的に濱田さんが大学の柔道場に来られ、主将に向かって「シンジ、辞めさせてやれ！」という鶴の一声で辞めることができたのです。濱田さんも、私の恩人の一人に入ります。

柔道部を辞めてから大学を卒業するまでは、一冊の小説が書けそうな内容なので、この先は大部分を省略し、十数点の写真でザックリと振り返ってみたいと思います。松山のディスコのウェイターにはヤンキーが多く、私も興味本位で半年間ほどリーゼントにしてみたのです。外見に合わせて車も改造すると、自然と荒い運転になっていました。その半年間の代償として、浪人時代に取得した車の運転免許証は取消しになりました。人身事故を起こしたわけではありません。何度もスピード違反を繰り返して取消しになったのです。改造車は大学の少林寺拳法部の知人に売りました。一年後にまた免許を取り直し、軽自動車を購入して安全運転を心掛けるようになりました。

ヤンキーになってみました。このころには、柔道に対抗すべく、芦原会館に通っていました。かなりのマッチョでした。

半年で10キロの減量に成功し細マッチョに。ケンメリを改造した車に乗っていました。

空手は３ヶ月で辞め、ヤンキーは半年で引退し、憧れだったディスコのDJ見習いになりました。髪型はアフロヘアーのつもりでした。

オーナーやDJの師匠には、大学在学中であることを隠していました。師匠が競輪好きで、その影響で競輪選手を目指した時期もありました。

このターンテーブルでつなぎ（曲と曲の裏表を合わせて客の足が止まらないようにする）をマスターしました。

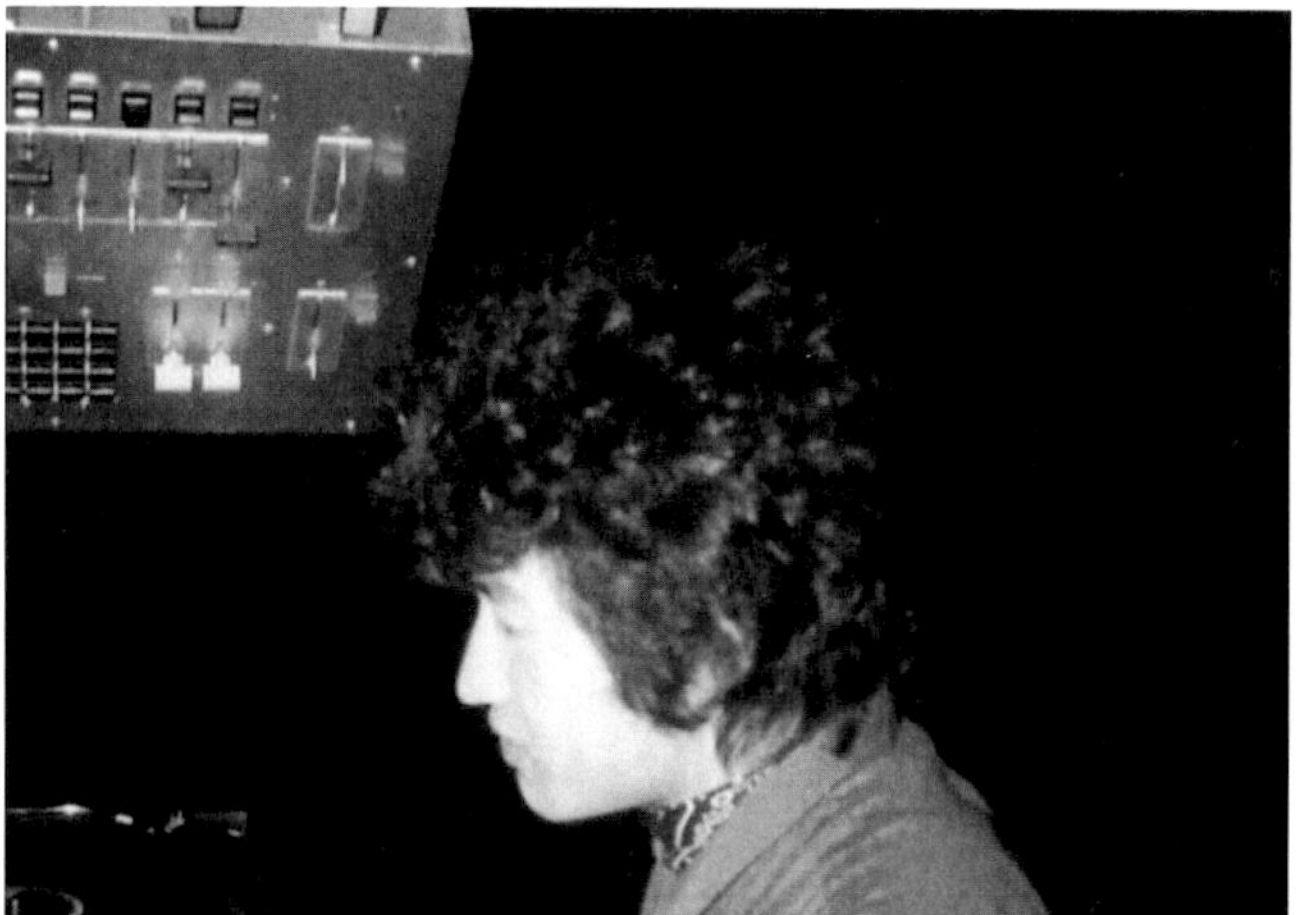

しばらくは照明ばかりやらされました。

母が松山に遊びに来た時の写真

大学時代によく遊んだ今は亡き親友の横山くん（向かって右）と。ディスコに行く時は何時も彼と一緒でした。松大サッカー部で身長は 185 センチあり、ダンスも上手かった。

サーフィンとボクシングをやっていたころ。柔道部時代 75 キロあった体重を 60 キロまで減量しました。親友の横山がランニングのトレーナーをしてくれました。

松山全日空ホテルでベルボーイのバイトもしていました。

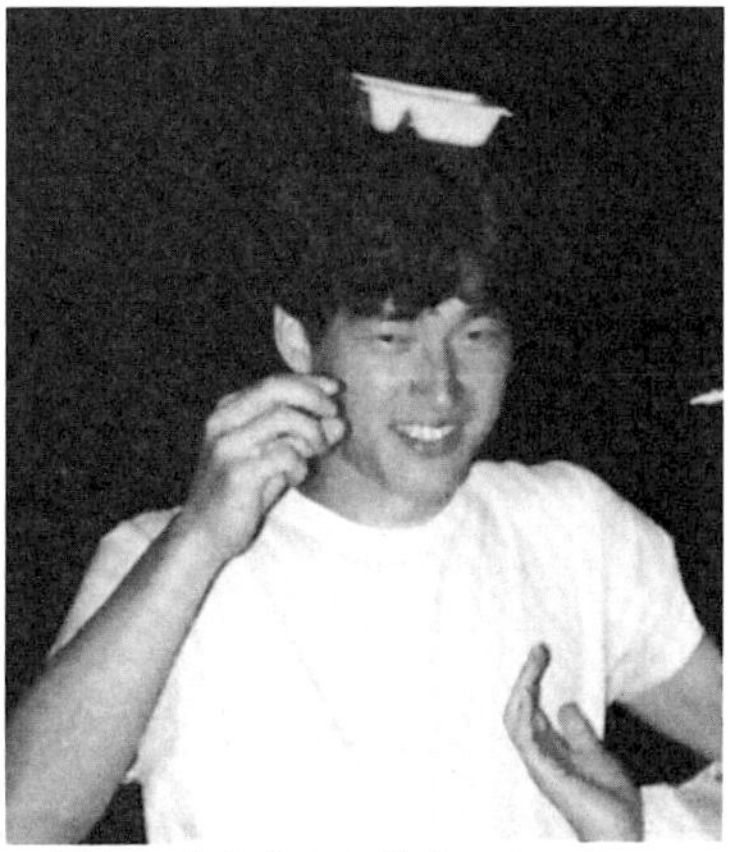

親友の森永くんと松山の夜の海に行った時かな？　彼は高校時代は野球部のピッチャーで男義のあるカッコいい男でした。同い年だけど、私にとっては兄貴のような存在でした。私が初めて腕相撲で負けた相手でもあります。

正面が私で、半分顔が隠れているのが親友の森永くん。左のテーブルで何かを作っているのが後輩の豊川くん。ユナイテッドレントールのオープンから３人一緒にバイトをしました。３人とも、松大経営学部卒です。

大学時代に、のど自慢で優勝した時

簿記検定合格証書

2級

商工会議所第60回簿記検定試験において頭書の級に合格したことを証する

日本商工会議所

五島　昇

大学６年間の唯一の成果が、
この日商簿記２級合格。

松山でも塾の講師をやっていた時期もあった！

何故、憧れのディスコDJになれたのか

ディスコのウェイターをやっていると、DJに憧れるようになりました。選曲やつなぎやトークで会場全体を一人で盛り上げていることに、凄まじい魅力を感じていました。高校時代に目指した医者よりも、遥かに価値のある仕事だと考えるようになっていったのです。

そんな世界観に入り込んでいた私は、運命的な出会いをしてしまったのです。バイト休みの夜、友人と他店のディスコに遊びに行き、隣りの席に座った二人連れの女性と話し始めました。すると、その一人が働いている喫茶店の女性オーナーが新規にディスコをオープンすることを聞いたのです。メインDJは決まっていて、今は見習いDJを探しているが、大学生のバイトでは駄目だと。このチャンスを逃してはならないと瞬時に判断した私は、「大学を中退したのでオーナーに会わせてくれ」と頼みました。後日、その女性に指示された喫茶店に出向き、オーナーと面会すると、メインDJのトシくんに判断は委ねると言われたのです。私の情熱が伝わったのか、トシくんに会った日に採用されることが決まりました。

ところが、そのディスコは一年ちょっとで閉店し、一年近く遠退いた大学の授業にも偶に出るようになりました。しかし、遊び仲間が増えて、遊ぶ金欲しさにいろんなバイトをして、結局、二年も留年することになってしまいました。六回生の時、老舗のディスコ（ラフギャバン）のメインDJの青木さんに誘われ、今度は大学生のバイトとしてDJをやることになったのです。

第五章
社会人から本の虫となる

検察庁の事務官に就職内定

私の卒業年は一九八五年で、バブル景気の前年でした。それでも、就職課に行けば募集に溢れていました。大学六回生の就活時にも、依然として夜のバイト（ディスコのDJ）をやっていました。楽しかったので就職せずに、このままDJをやって、いずれはディスコを経営しようかとも考えていました。

私の大学時代はまだ携帯がなく固定電話を引いていたのです。母から電話がかかってきたのは、真面目な四回生が就活で忙しくなる時期でした。「検察庁に就職が内定したよ」と、とても嬉しそうな声でした。正兼のオイサンのコネで内定が決まったそうです。当時の私には、どんなことをする役所なのか分かりませんでした。とにかく、母が大喜びしていることだけは伝わってきました。それまでに何度か、警察の人が就職を勧めにきたことは聞いていました。しかし、柔道部のこともあり、スピード違反のこともあり、自分には肌が合わないと、断るように言っていたのです。

バイト先の後輩たち（大学生のバイトの中で私が一番年上でした）に、「検察庁に内定したよ」と話すと、「すごいですね！」とか「良かったですね！」とか、みんなが検察庁の就職内定に対して高評価をするのです。そんな後輩たちの反応に、検察庁に対する私のイメージが次第に良くなっていきました。そのころの私は他人の評価に左右されるバカな大学生だったのです。

　しかし、一度は企業の面接というものを受けてみたいという思いもありました。旅行が好きというのもあって、松大の就職課に募集がきていた近畿日本ツーリストに応募しました。すると、東京での面接の日が指定されました。面接の前日に松山空港から羽田空港まで行き、その夜は当然のように知人と待ち合わせて六本木のディスコへ行きました。翌日の面接は午前一〇時でしたが、起床した時にはすでに一〇分前でした。「やはり、俺は検察庁に就職する男なのだ」という思いが湧きあがり、連絡も入れずに面接をすっぽかしてしまいました。

　それからは就活はせず、残りの大学生活を如何に楽しむかという方向に心が変わっていきました。バイトは常にやっていたので、お金はありました。楽しかったDJのバイトにもけりをつけ、検察庁の事務官という将来の自分を思い描きながら、一人で国内旅行に行きました。

　ほとんどの四回生の就職先が決まっていたころだったと思います。母から検察庁の内定が取消しになったとの電話が入りました。いつになく落ち込んだ声だったので、変な予感はしていました。理由を聞く気持ちになれなかったので、「分かった」とだけ言って電話を切ったように記憶しています。後で分かったことですが、私の身辺調査が行われて、スピード違反を繰返して免許取消しになった過去が判明し、検察庁の職員には不適格とされたそうです。

　すでにバイト先は辞めていましたし、新人のDJが皿（レコード）を回していることも聞いていました。仕方なく、また就職課に行くと、東洋観光株式会社がまだ募集していることを知りました。会社概要を見るとホテル経営を始め、ボーリング場、スキー場、レストラン、結婚式場など、いろんなレジャー関連の事業をやっていました。私は大学時代に全日空ホテルでバイトをした経験もありましたし、スキーも趣味でやっていましたし、ディスコのウェイターも経験していました。自分に合っているかもと思い応募すると、面接が行われ後日採用通知が届きました。

入社式前に、新入社員数名で広島県内のお寺に二泊三日の合宿研修に行かされました。その研修は他の会社の新入社員と合同の研修だったので、一〇〇人以上の新人がいたことを覚えています。朝五時起床で、掃除をさせられ、精進料理を食べ、座禅を組み、和尚さんの説法を聞き、夜一〇時には消灯という厳しいものでした。それに耐えられず、逃走した者もいたそうです。私にとっても、本当に厳しい合宿研修でした。

入社式後は、各部所での研修がスタートしました。ホテル内が中心で、フロント、宴会、厨房、経理などを順に回り新人紹介と仕事内容の説明を受けるといった感じだったことを覚えています。ベッドメイクやテーブルクロスの掛け方や料理の出し方などの実地研修も行われました。特に、ワインの注ぎ方実習で手が震えたことが印象深く記憶に残っています。

私の心の底に染み付いたことは、システムエンジニアの中途採用の方による講義です。自己紹介で広島大学卒だと分かり親近感を持ちました。ヘッドハンティングのようなことだと思いますが、コンピュータの専門家で、会社にコンピュータを導入するために欠かせない人物だったようです。私より一回りくらい年上に見えましたが、特別な扱いをされている紳士でした。特定の部所に所属されているわけでもなく、会議室でその方一人で新入社員の前で講義をされました。九〇分くらいの講義でしたが、社内のコンピュータ化に関する内容のお話は三〇分もしないうちに終わり、後はほとんどが読書の勧めでした。コンピュータの専門家なので理系の方だと思うのですが、読書を熱心に勧められたことがとても意外に感じられていました。正兼のオイサン以来の読書の勧め論でした。今思えば、コンピュータのことを話しても誰も理解できないと感じ、講義内容を変更されたのかもしれません。私にとっては、その人物の機転によって、人生が大きく変わっていったのです。新人研修でのたった九〇分だけの関わりでしたが、この出会いがなければ、私が本の虫になることはありませんでした。

新人研修後、私はホテルのフロント部に配属されました。心の底では経理部の方が良かったという思いを持っていました。経理部の社員には自分の机がありましたが、フロント部にはロッカーだけでした。しかも一ヶ月くらいは毎日、ロビーやホテル周りの掃除ばかりをやらされました。当時の私は掃除が嫌いでしたので、「どうして、大学で六年も勉強した人間に掃除ばかりさせるのか！」という不満を心に抱えながらやっていました。

そのうちに、ゴールデンウィークが近づいてきました。フロントの上司にお願いし、連休を

私が所属していた２課担当のファッションビル内。創建１周年記念パーティー会場のカジノを任されました。

経費節減のため、ディーラーを使わず、あまり分からないまま私がディーラーの代わりをやりました。因に、タキシードは自前です。

もらうことができました。そのころは「人生って、何なのだろう?」という思いで悶々としていました。読んでいたのは人生論の本が多かったように思います。書名は覚えていませんが、連休には本を持って一人で旅に出ました。その旅先で､会社を辞める決意を固めました。結局、入社後五〇日で東洋観光株式会社を辞職しました。フロントの上司が何度も自宅に電話をかけて下さったのですが、母を説得し毎回居留守を使っていました。今思うと、本当に申し訳なかったと思っています。

広告代理店に転職

当時の私は外見重視の人間だったので、何となく格好良く見えていたアドマンという職業人が気になっていました。まだバブル景気になってはいませんが、広島市内でも中途採用の募集は沢山ありました。その中に、広告代理店の募集があったので応募すると、面接日を指定されました。数日後、広島市中区のビルの一室にあった会社に行くと簡単な面接だけで、その日に採用が決まりました。あっさり決まったので拍子抜けではありましたが､自分の机が指定され、嬉しかったことを覚えています。

私は二課に配属されました。二課は私を入れて五人だけでした。一歳年上のK主任が私の直属の上司になりました。彼とは馬が合い、仕事帰りに一緒に飯を食ったりして直ぐに馴染んで

広島市内で広告代理店の仕事をしていたころに住んでいたマンション内

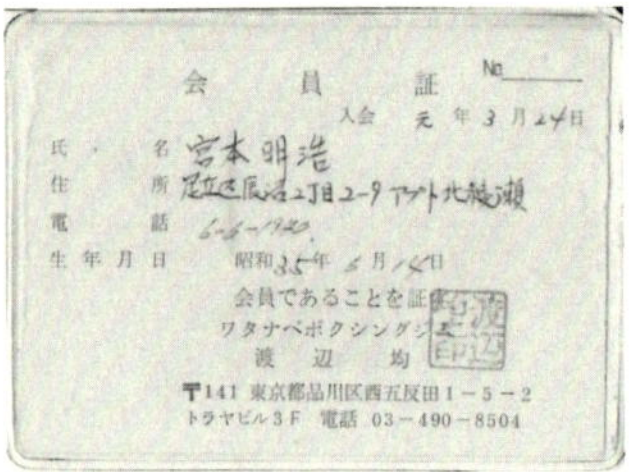

会　員　証　№

入会　元年3月24日

氏　名　宮本明浩

住　所　足立区辰沼2丁目2-9 アプト北綾瀬

電　話　6-6-1920

生年月日　昭和35年6月14日

会員であることを証（明します）

ワタナベボクシングジ（ム）

渡　辺　均

〒141 東京都品川区西五反田1－5－2

トラヤビル3F　電話 03－490－8504

東京都品川区西五反田のワタナベ
ボクシングジムに通っていました

広島市中区袋町は会社に近く便利でした

いきました。広島ホームテレビの年末の一時間枠で番組を制作したり、広島県の予算で肉のフェスティバルを開催したり、ファッションビルの一周年記念パーティを企画したりと楽しい仕事もありました。しかし、会社の主な売上は交通広告に依存していたのです。

私は、電車内に貼る連合広告の営業ではかなりの営業成績を上げていました。単価が安いので足で稼ぐ営業で、フットワークが重要でした。体力と気力（怒鳴られても挫けない心）があれば成績は上がります。中途採用とはいえ、ほとんど社会人経験がなかった私にとっては有難い仕事でした。学生気分が抜け切らない私に、社会人としての自信を付けてくれました。このころの読書は、ビジネス本が多かったように思います。

しかし、そんな足で稼ぐ仕事に慣れてくると、隣の芝生が青く見えてくるのです。華やかな仕事はあまり利益が出ないが、交通広告なら利益率が高いということも徐々に分かってきました。電通のような広告代理店とは、そもそも競う土俵が違うことが分かってきたのです。

社会人になって読書を始めたころは、一冊読むのに一週間くらいかかりました。徐々に読書量が増えていき、読むスピードも少しずつ早くなり、三日に一冊くらいは読めるようになっていきました。アドマンといっても結局は営業なのでサボることもできました。仕事中にパチンコに行く社員もいましたが、私は喫茶店で本を読む時間が増えていきました。そんなに頑張らなくても営業成績が上がるようになってくると、その分、読書に使う時間が増えていきました。

二七歳で東大を目指す

読書量が増えるに従って、私の考え方も世界観も変化していきました。そして、高校生まで真面目な学生だったにも関わらず、あんなに成績が伸びなかったのは読書をしなかったからだと考えるようになっていきました。試しに数学と物理の参考書を読むと、よく理解ができるようになっていました。私の中で、「読書量と学力は比例する」という確信が芽生えていきました。それで私は、「今からでもやり直せる！」と結論付けたのです。すでに二七歳になっていましたが、「これから東大を目指そう！」と決意したのです。

そのころ、私は広島市中区袋町のワンルームマンションに住んでいました。岩国高校に合格した時、正兼のオイサンが書いてくれたような貼り紙を作りました。「俺は絶対に東大に合格してみせる」と。その貼り紙を毎日、朝晩に読むようにしました。仕事中には、読書と並行して大学受験の参考書を読むようにしました。

そのうち、会社の主任が私の行動を不信がるようになっていきました。自分の給料分くらいの営業成績は上げようと思っていましたが、受験勉強や読書に時間をかけ過ぎていたのです。以前のような営業成績が上がらなくなった私に対して、主任は徐々に厳しくなっていきました。

ついに決心して、会社に辞表を提出しました。主任は私に社会人としての自信を付けてくれた恩人です。一から広告営業という仕事を教えてくれただけでなく、何度も食事や飲みに連れて行ってくれました。彼に辞意を伝えるのは本当に辛かったことを覚えています。

その数ヶ月後には上京し、東京都足立区辰沼のアパートを借りました。家賃は三万九千円でしたが、バストイレ一体型で、中二階も付いたワンルームでした。広島市中区袋町のマンションは家賃が五万円だったので、東京二三区内にも穴場はあるのだなと満足感はありました。ただ、北綾瀬駅から徒歩一八分というのが不人気だったようです。

貯金も減ってきたし、大学受験の役にも立つと思い、小学館プロダクションが運営していた学習塾の講師採用試験を受けてみました。すると試験に合格することができて、小学一年生から中学三年生までを対象にした算数と数学の授業を受け持つことになりました。

そのころから、週に二回くらいは気晴らしに運動した方が勉強の能率も上がるだろうと考え、西五反田のボクシングジムに通うようになりました。大学時代に柔道部を辞めた後で芦原会館に通い、その後で松山ボクシングジムに通っていたので、格闘技をやっていると青春を取り戻したようなエネルギーが湧いてきました。

東大に合格したら小説家になるという夢もあったので、六本木のライターズスクールにも並行して通い始めました。ボクシングは体育の授業、ライターズスクールは文化部の活動として考えていました。大学受験勉強と塾講師とボクシングとライターズスクールで忙しくなりましたが、夢や目標を追っているという充実感がありました。

大学受験には高校の内申書のようなものが必要だったので、高三時の担任の安部先生に電話で伝えました。すると、安部先生は「京大かね?」と、明るい声で冗談っぽく言われました。私は「いえ、東大です!」と返答すると、数秒の沈黙がありました。そして、低い声で「分かった」と呆れたような声で言われたのです。数日後に、安部先生からの封筒が私のアパートに届きました。

塾の講師の仕事にやり甲斐がでてきたのですが、それに反比例して受験勉強は進まなくなりました。しかも、大学受験の問題集を解いてみると、制限時間をはるかにオーバーしないと解答し切れないことが分かってきました。また、英語の点数は全く伸びず、私の最大の欠点になっていきました。英単語がまるで暗記できないことで、徐々に独学の限界を感じ始めるようになっていきました。

三〇歳という期限を設けていましたので、後一年もないという焦りがでてきました。中三の時のような奇跡を期待して、東京都新宿区にあった早稲田ゼミナール高田馬場校の夏期講習に参加しました。すると周囲は若い人ばかりで、自分は浮いている存在だと若干の恥ずかしさも感じてきました。それでも受講料は払ったので、真面目に授業は受けました。しかし、英語だけはどうしても苦手意識が払拭できませんでした。結局、大した成果も上がらず、夏期講習は終了しました。

その内に、ライターズスクールで知り合った八歳年下のクラスメイトと仲良くなり、授業の帰りに六本木で遊ぶようになっていきました。彼は高卒でしたが、本気で小説家を目指すフリーターでした。繊細な感性の持ち主で、彼と話していると楽しかった。私のアパートに遊びにくるようにもなり、偏差値コンプレックスを持っていた自分にも気付かせてくれました。

時が経つのは早いもので、大学受験にチャレンジできる最後の年の一月がやってきました。共通一次試験から大学入試センター試験に名称が変わっていました。結局、奇跡は起きず、東京大学を受験できるような点数には遠く及びませんでした。自分の頭脳の限界にやっと気付くことができました。二次試験を受けることなく、就活を始めようと決意しました。

三〇歳で出版業界へ

当時はまだバブル景気でしたので、都内では中途採用の募集に溢れていました。自分の三〇年の人生を振り返り、文章を書くことで生きていきたいと考え、新聞社と出版社の募集に絞りました。その中で、最も惹かれたのが国際評論社という出版社でした。東京都中央区日本橋に会社があったことも好印象でした。古い雑居ビルの一室でしたが、エレベーターを降りた直ぐの廊下から雑誌が山積みにされていました。オフィス内も壁一面が雑誌の山で、その中に机が置かれているといった感じでした。面接直後に、企画営業部に配属が決まりました。広告代理

国際評論社という出版社で企画営業の仕事をしていたころ

南アフリカ共和国を走るブルートレイン内。10日間の取材旅行で会長が唯一撮ってくれた私の写真

東京湾を廻るクルージングの取材で

店の経歴が採用のポイントだったようです。社員は一〇人程度の小さな出版社でしたが、三種類の雑誌を発行していました。

雑誌の広告営業が私の主な任務でしたが、しばらくは出稿企業の広報宣伝担当の人に色校紙を持って行ったり、掲載誌を持って行ったり、直取引の書店に納品に行ったりという雑用をさせられていました。慣れてくると毎週のように、都内のホテルで開かれる立食パーティになった企業の新商品発表会などにも行かせてくれました。マスコミへのお土産とプレスリリースが入った手提げ袋をもらって帰ってくるといった楽しい仕事もさせてくれるようになりました。

明治大学卒の菅原さんが企画営業部の直属の上司で、仕事帰りに八重洲の居酒屋でよくご馳走してくれました。団塊の世代の人で、激しい競争を強いられてきたからか、私の未熟さを厳しく指摘してくれました。仕事ができる人なので、逆らう気持ちにはなれませんでした。私を最も心配してくれていた人だったように思います。

国際評論社には会長と社長がいて、全ての権力は会長が握っていました。社長は実質的には部長レベルだと社内では陰口を言われていました。しかし私は社長に可愛がってもらい、休日にご自宅に招待され、食事をご馳走になり、一緒にテニスをやりました。テニスの腕前はかなりのもので、私より二回りくらい年上でしたが、スタミナは私以上にあったように思います。

社長は何かの記者会見場に一度、私を連れて行ってくださいました。記者会見が始まってしばらくして、社長は突如、私の隣で「ハイ！」と大きな声で挙手されたのでビクッとしたことを覚えています。質問内容は忘れましたが、何故か私にはピントはずれに感じられました。社長の質問の後、会場がシーンと静まり返り、そのことが私にはとても恥ずかしかったことを覚えています。そんな私の性格を見越してか、恥ずかしいという気持ちを封印したマスコミの記者の在り方を示してくださったのかもしれません。

そんな社長の指示で、私は平成三年七月に一〇日間ほど、日本のマスメディア数社と共に南アフリカ共和国へ取材旅行に行かせてもらえました。それは私にとって初めての海外旅行でもありました。日本を代表するジャーナリストとフォトグラファーの総勢十数名が招待観光旅行をし、その記事と写真を各雑誌・媒体に掲載するという企画でした。アパルトヘイト政策の停止で、六年ぶりに観光渡航の自粛も解除されたため、バブル真っ盛りの日本の観光客を誘致しようという観光局の狙いでした。勤務先の出版社を代表して私と会長がそれに参加しました。私がジャーナリストとして、会長がフォトグラファーとしてです。恐ろしいことに、企画営業部だった私が日本を代表するジャーナリストとして参加したのです。バブル期には、普通では有り得ないことが起こる、その典型例だったと思います。

もちろん他社・他誌の人たちは皆さん、経験豊富な一流のマスコミ人でした。特に、取材旅行中に親しくなった『エスクァイア日本版』のS氏、『エル・ジャポン』のF氏、『サンデー毎日』のK氏は、私が大いに啓発された優れたジャーナリストでした。彼らが書いた記事は後にそれぞれの雑誌で読み、自分との実力差の大きさに愕然としたことを覚えています。

同行した十数名の取材陣の中で私一人が営業職だったこと、英会話がほとんどできなかったこと、海外へ行った経験が一度もなかったこと、あらゆる知識量が他のジャーナリストに比べて圧倒的に少なかったこと、会長とほとんど喧嘩状態になってしまったこと、その他もろもろの事情で、恥をかいたり悔しい思いをしたりで、私にとっては大変な一〇日間でした。

もちろん感激したことも多く、特にクルーガー国立公園をランドローバーに乗ってサファリツアーしたことや、テーブルマウンテンや喜望峰からの絶景、豪華なブルートレインでの国内移動、サビサビ地区で夕食後に焚火で囲った野外広場で行なわれたパーティーなど、夢のような時間もありました。

最も印象深く私の記憶に残っていることは、『サンデー毎日』のフォトグラファー・N氏が野外パーティーで踊る黒人女性を撮影する際に、自らもカメラを持ったまま彼女と向い合って共に踊りながら、ベストポジションでシャッターを切り続けたことです。彼の見事なパフォーマンスと超プロ根性を賞賛して、会場全体から拍手喝采が巻き起こりました。日本のマスメディアには、素晴らしいフォトグラファーがいると、つくづく感じ入った瞬間でした。

私はその取材旅行から帰国し、取材レポートを提出した後に辞職しました。南ア取材中に会

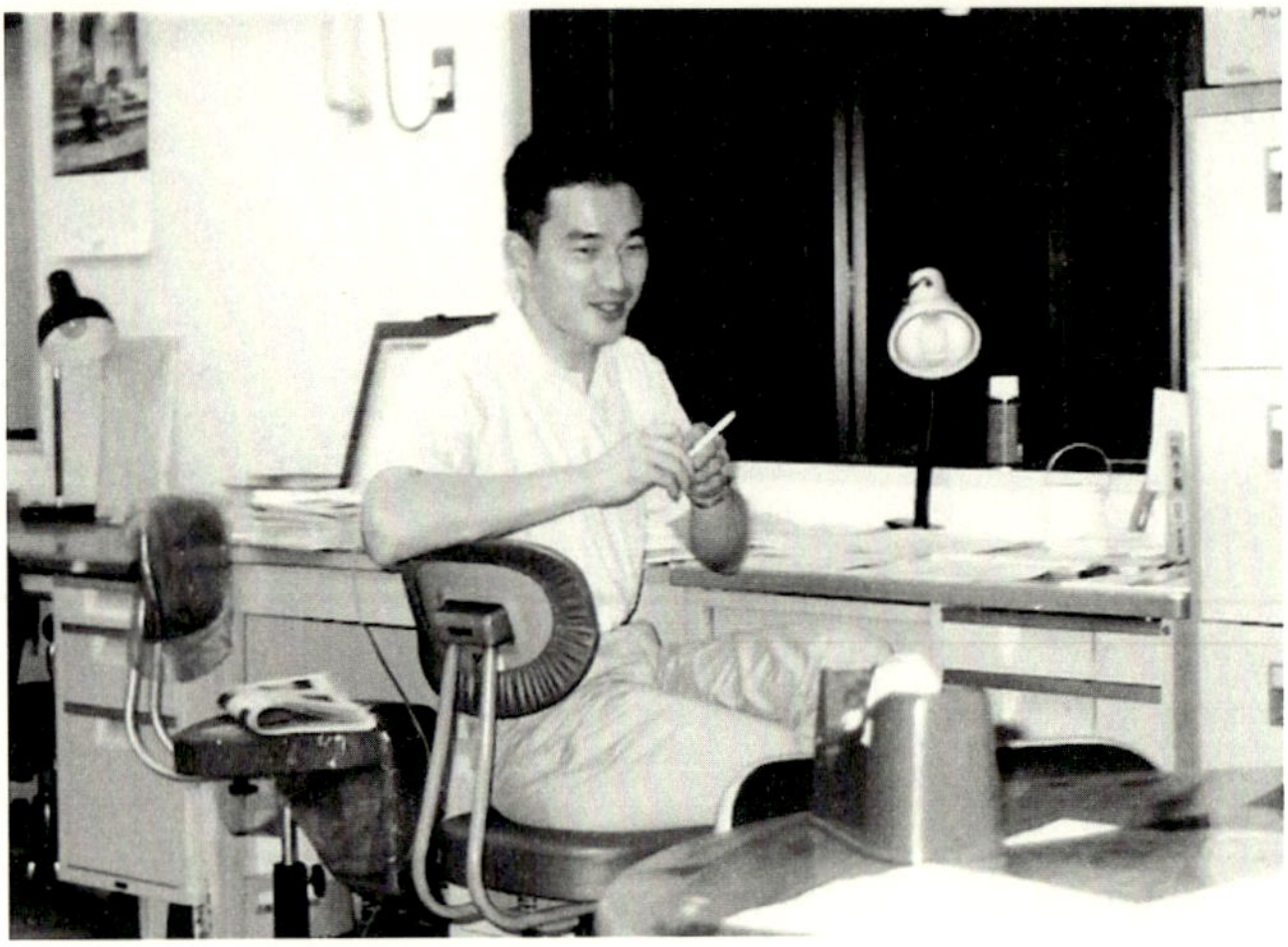

編集プロダクションに勤務していたころ

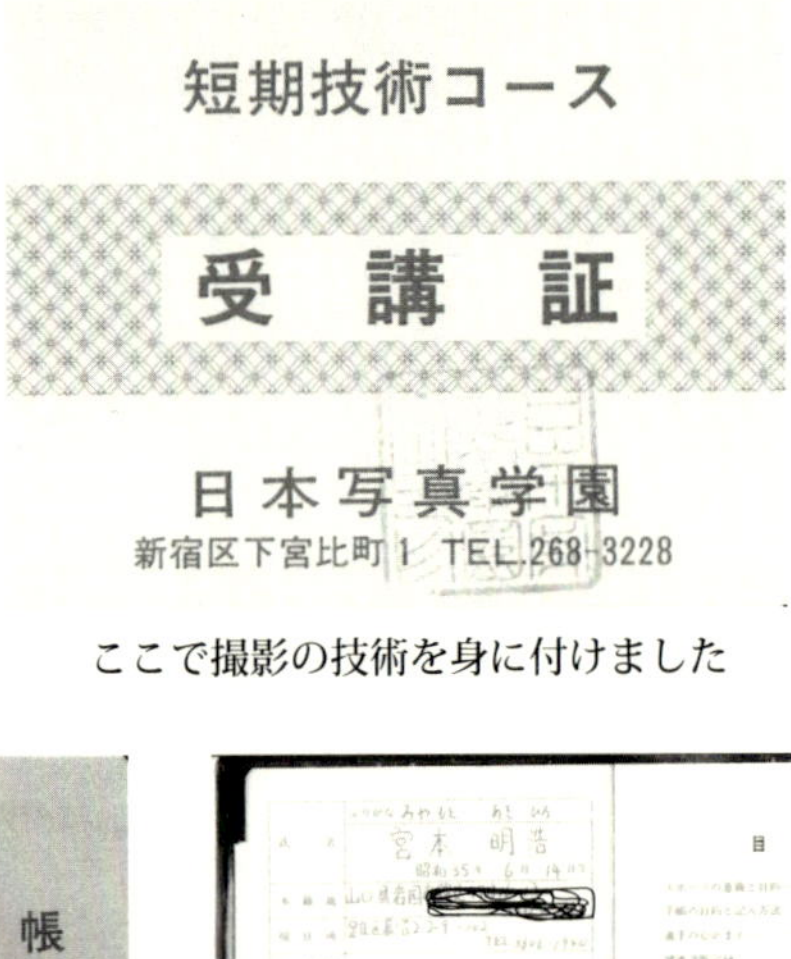

短期技術コース

受　講　証

日本写真学園
新宿区下宮比町1　TEL.268-3228

ここで撮影の技術を身に付けました

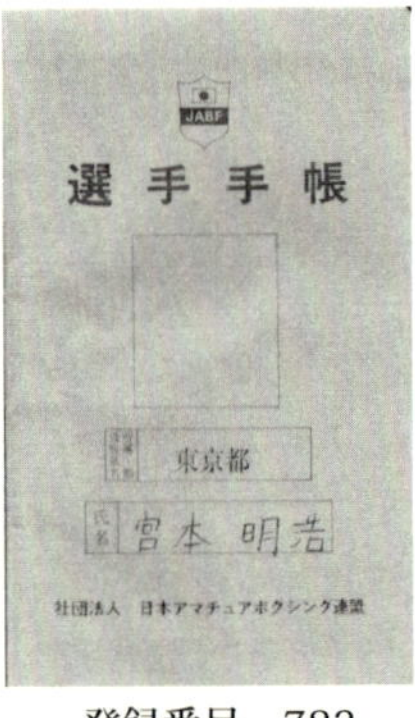

登録番号　783

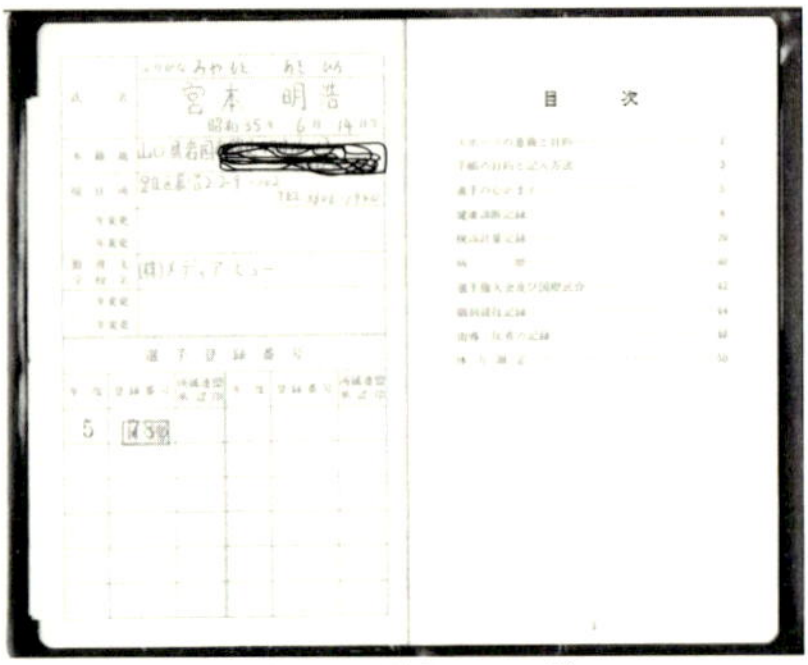

アマチュアボクシングの
選手登録をしました

長から、「お前はもう手遅れだ！」と罵倒された時から辞意は固まっていました。その後は、編集プロダクションでの編集者としての人生が始まります。辞職した後に、書店で南ア取材の記事を見ると、私の文章は全く使われていませんでした。ほとんどが、観光局のパンフレットやガイド本のリライト文でした。

歌人・岡野弘彦先生との出会い

私が出版営業から編集の仕事にくらがえして最初に担当になった仕事が、学習研究社（以下、学研）が発行していた『皇室アルバム』の「和歌と花の旅」というコーナーでした。すでに休刊になっていますが、年四回の季刊で発行されていました。

編集の右も左も分からない時期だったので、当初は学研の山中編集長の指示通りに、雑用のようなことばかりやっていました。それが全く苦痛ではなかったのは、憧れの編集の仕事の一端であるということがあったからです。山中編集長から編集のイロハを雑用という仕事を通して学ぶことができたのです。

私がもし、そのコーナーの担当にならず、山中編集長との出会いがなかったら、『ロゴスドン』という雑誌も存在しなかったといってもいいでしょう。山中編集長は当時、プライベートで空手の師範をされていて、私より一回り半くらい年上ですが二人の関係は体育会系のノリに近く、師匠と弟子といった感じでした。

「和歌と花の旅」は、歌人の岡野弘彦先生に皇室とゆかりのある地を旅していただき、その旅路で和歌を詠み、花を愛で、歴史を振り返る紀行文を書いていただき、その文章と写真とで構成していました。当時はまだバブル景気だったので、毎号、岡野先生と山中編集長とカメラマンと私の四人で二泊三日の贅沢な取材旅行をしていました。一〇ページ程度の連載コーナーでしたが、数十万円の制作費を使っていたようです。写真の質を非常に重視していたので、カメラマンは一流の方でした。そこに支払われる費用も高額だったと思います。

取材旅行中の私の役目は、ほとんどが運転手とカメラマンの助手です。本当はカメラマンの助手までやる必要はなかったのですが、私よりも年上で何冊も写真集を出している偉いカメラマンだったので自然な力関係というか、彼が遠慮なく私に助手的な作業の命令をすることに対して、何となく拒否できなかったという感じでした。

しかし運転しながら、また食事中、特に宿に入って四人で夕食をとりながら、岡野先生と山中編集長が交わす会話を聞くのが私にとって非常に待ち遠しい時間でした。理解できない話もありましたが、話の流れや雰囲気で想像しながら聴く人生を熟知した知識人の本音話は、私には最高のおかずになりました。私の知らない世界が如何に多いか、知ることが如何に楽しいかといったことを認識させてもらえました。

岡野先生は日本を代表する歌人ですが、折口信夫研究の学者でもあります。令和三年には、文化勲章も受章されました。私が学者好きになったのは、岡野先生との出会いがあったからです。「和歌と花の旅」の仕事を通じて二年近くお付き合いをさせていただき、学者という職業人に惚れ込んだのです。岡野先生との出会いがなければ、『ロゴスドン』の特集インタビューは続かなかったかもしれません。山中編集長と一緒に岡野先生のご自宅に泊まったこともありますが、地下の書庫を見学させてもらった時の感動は今も忘れられません。まるで小さな図書館が自宅の地下にあるかのようでした。本の多さには流石の山中編集長も感心されていました。

岡野先生も山中編集長も、私の大恩人であるにも関わらず、結果的に疎遠になってしまいました。その原因については、当初私が『ロゴスドン』の発行を通して、しばらく疑問を持ち続けた思想的立場の柵《しがらみ》について論じなければなりませんが、恐らく左翼系雑誌と誤解されたように思います。Tさんの「哲学誌上講座」をメインの連載に据えていたことで、私の思想的立場がそこにあるように思われたのでしょう。

イラストレーター・ひだまさこさんとは、私が「和歌と花の旅」の担当になってからのお付き合いになります。駆け出しの編集者のころから、要領の悪い私の依頼に対して、見事な作品を提供してくれました。

一般的には出版業界の職人は、駆け出しの編集者の指定の不味さに対して意地悪になることが多いのですが、彼女は正反対で、実に多くのことをカバーしてくれました。私の間違った指定もちゃんと正しく直してくれていました。彼女とはいつも電話とファックスでのやり取りだったのですが、編集能力の低さによって社内で肩身の狭い辛い思いをしていた時期に、彼女の優しい声で癒されたことを今でも忘れることができません。私より一回りくらい年上でご主人もいらっしゃる方ですが、私のような粗をさりげなくサポートし受け流してくれる女神のような存在でした。山中編集長も彼女のセンスを高く評価していました。彼女の描くカラーのイラストマップは正に芸術品で、「和歌と花の旅」のコーナーには欠かせない作品でした。マップの中に描かれる神社などのイラストも可愛く、色づかいも見事で、そこに本物の職人技を感じました。

弊社の編集部にお越しになった方はご存じだと思いますが、玄関に飾ってある「天使のイラスト」は彼女が弊社に寄贈してくれたものです。彼女の描く天使は素晴らしい癒し効果がありますので、その方面でのご活躍を心から願っています。

彼女の作品は第二号から第七八号まで一五年にわたって『ロゴスドン』に掲載されています。当初はイラストマップとして、その後は「哲学的ワンカット」として掲載しています。

第六章

著名人と学者へのインタビュー経験は私の宝物

正兼のオイサンが逝く

正兼のオイサンの訃報が入ったのは一九九三年の夏でした。当時の私は中野区のブロードウェイの一室にあった編集プロダクションに勤務していて、足立区辰沼のアパートから通っていました。まだ携帯電話が普及していない時代で、固定電話の母からの留守電で訃報に触れました。私にとっての超恩人であり、本当の父親のような存在だったので、本当は飛んで岩国に帰りたかった。ですが、約一年前のオイサンとのある出来事で、私が抱えていた仕事を優先することにしたのです。

オイサンは、私が三〇歳で出版社に就職したことを凄く喜んでくれました。その約三年後に癌で亡くなったのですが、二年間くらいは闘病生活を送っていました。岩国市内の錦病院という総合病院に入院していたオイサンを仕事の途中で見舞いに行った時のことです。仕事の途中といっても、出雲の取材旅行(『皇室アルバム』の連載「和歌と花の旅」で岡野弘彦先生に同行)の帰りに、ちょっと遠回りをしてお見舞いに行ったに過ぎません。勤務先の上司には前もって事情を伝え、了解をもらっていました。

入院中の病室のベッド脇に立って声を掛けると、私を見て一瞬、オイサンは唖然とした顔をされました。そして直ぐに、何故、東京で働いている私が盆正月でもないのに、ここに来たのかを問いました。私は取材旅行の帰りに見舞いに寄ったことを正直に答えました。すると、オイサンは「男がこれと決めた仕事をするのに、ワシの見舞いぐらいで時間と金を無駄にするな。お前は競争の激しい厳しい世界に入ったんじゃ。こんなことをしちょったら、つまらんじゃないか」と、今までに見たこともない険しい表情で私を叱ったのです。オイサンとは私が中学一年の時からの付き合いでしたが、こんなオイサンの真剣な叱責は初めてだったし、その時は全く訳の分からない反応に心底面食いました。笑顔で「よう来てくれたのう」という反応を期待していたからです。

正兼のオイサンが亡くなったことを留守電で知って、その時の記憶が蘇ってきました。そして、当時のオイサンの心情が理解できたような気がしたのです。私が見舞いに行った時、オイサンは初めて父親の心になって本気で叱ってくれたのだと。オイサンが元気なころは、私のことをよく「お前は素直じゃが、ドーナツを砂糖で塗したような男じゃけえの」と笑いながら言っていました。出版業界に入って三年近くが経ち、オイサンの私に対する評価が間違っていなかったことも分かりかけていたし、そんな私がこの業界で生き抜くことの厳しさも骨身に染みるような経験もしていました。それまでの様々な辛かった出来事が思い出され、オイサンの父性から沸き立った叱責の背後にある「真の愛情」が理解できたような気がして、仕事から帰った夜中のワンルームのアパートでしばらく嗚咽が止まりませんでした。

リストラからの始まり

私は会社をリストラされたことで、一九九三年一二月九日に有限会社ヌース出版を設立しました。資本金は三百万円で、社員は私一人だけです。弊社を設立した年はバブルが弾けてリストラが頻繁に行なわれた時期でした。リストラされた会社は、バブル期には儲かっていた編集プロダクションでした。3Kと言われていた出版業界の編集制作会社ではありますが、それ程、給料は悪くなかった。主な仕事は月刊誌と季刊誌の編集で、その他に予備校の機関誌や書籍の編集などがありました。私がリストラされる半年くらい前に、主な仕事だった月刊誌と季刊誌の休刊が立て続けに発表され、社員同士でこの会社も危ないという憶測が飛び交いました。憶測通り、その秋口には四名のリストラが言い渡され、私もその中に入ってしまったのです。私にとっては、雑誌の編集という仕事がとても面白くなっていた時期でした。特に、月刊誌の取材で学者や評論家や芸能人などの著名人に会って話を聞くことが好きでした。仕事にやり甲斐というものが感じられ、この道でやっていけるという自信も出始めていました。

そんなころ、仕事の途中にサボって立ち寄った書店で手に取った本が、鷲田小彌太先生の書かれた『哲学がわかる事典』（日本実業出版社）でした。その書店は、後に『ロゴスドン』を直で販売してくれることになる芳林堂書店・高田馬場店です。私の心の片隅に潜んでいた「哲学」というものに、その時の私の感情が敏感に反応して、鷲田先生の本のタイトルに目がとまったのだと思います。しばらく立ち読みしていましたが、「これは買わなければならない！」という衝動にかられて購入しました。その衝動を導いた主な文章は、「記憶魔という秀才たちの時代の終焉」と、「幾何学を知らざるものは入るべからず」でした。この本を読み終えて、何となく哲学が少し分かったような気分になりました。そして、哲学に関わって生きていきたいという思いが芽生えてきました。そして、リストラで会社を退職する二カ月くらい前までには、ヌース出版を設立する意思が固まっていました。この社名に決めたのは正兼のオイサンの魂に導かれたのか、私の哲学への思いが高じたためです。鷲田先生の本を読み終えた後に購入した、『哲学入門　哲学基本事典』（富士書店）に出ていた「ヌース」という用語の解説が最も私の心をとらえました。社名を決めた後は、『初めての人でもすぐわかる有限会社のつくり方』という本を購入し、その本に書かれてある通りに作業を進めていきました。するとリストラされて無職になるはずの私が、一転して出版社の社長になることができたのです。

以前の勤務先である国際評論社発行の雑誌には企業広告が沢山入っていました。バブル期には広告だけでかなり儲かっていました。私は企画営業部に所属していたので、どのくらいの広告収入があったかだいたい分かっていて、「雑誌は売れなくても、広告収入で成り立つ」という思いが強くありました。そんな経験から、出版社を創って雑誌を発行し広告を沢山入れて、三年後には社員も数人雇っていて、優雅な生活をしているという甘い夢を見ていました。

哲学を切り口にした総合雑誌といった漠然としたものしかなかったものの、当時三三歳だった私は気力と体力だけは有り余っていたので、とにかく早く雑誌を創刊したいという思いが先走っていました。「十分に考え抜いた末に行動を開始するよりも、まずは行動を開始してから、その都度考えるということも場合によっては必要だ」という考え方だったような気がします。それで、一九九四年三月一日に『ロゴスドン』を創刊するという決意だけは知人たちに宣言しました。数名の知人から何か手伝うことはないかという連絡がありました。その中に、当時はフリーライターをしていたTさんがいました。彼は私が以前に勤めていた会社の先輩でした。私よりも一回り近く年上で、大学時代に左翼の学生運動を経験しており、哲学書はかなり読んでいると聞いていたので、「哲学誌上講座」の連載をお願いしました。

ただ、何日たっても、広告が決まりそうな展開にはなりませんでした。少なくとも雑誌の表2、表3、表4の広告面は埋まると思っていましたが、その三つの面さえも、まったくまとまる気配はありませんでした。私が宣言した三月一日が迫ってきていたので、徐々に焦りも出てきました。広告収入がないと、購読料だけで勝負しなければならない。創刊号の一冊の定価は二〇〇〇円にしたので、仮に二千部売れても四〇〇万円です。制作費を削りまくっても、残った収入で私一人が生活するのも困難です。

いろいろ考えた結果、私が広告代理店に勤めていたころに得意だった連合広告のような営業をやろうと決めました。それが、第五号まで続いた「東京の街発掘」のコーナーです。お店などを誌面で紹介する代わりに、お金をいただく記事広告というものです。純粋広告よりもはるかに安く広告料金を設定するので、数多くの広告主を集めなければなりませんが、根気とフットワークさえあれば何とかなる広告営業です。哲学とはまったく関係のないコーナーになってしまうのですが、背に腹はかえられないと考えました。

当時、弊社は東京都杉並区の荻窪にありましたので、交通費がかからないように、第一回目は「荻窪編」にしました。このコーナーでの収入で雑誌の制作費くらいは賄おうと、お店の開店時間から閉店時間の夜遅くまで、片っ端から飛び込み営業をしていきました。

中には、「このクソ忙しい時に、うるせー！」と怒鳴られたこともありますが、私も必死ですから、そんなことにはめげず、しつこく飛び込み営業を繰り返しました。広告営業の協力者も現れ、結局二人で一四店の広告主獲得に成功しました。三月一日発行という契約内容で営業しましたから、絶対に発行日に間に合わせなければならないと、緊張感も出てきました。

私が編集プロダクションに勤めていたころは、締切りを厳守することが最大の重要事項でした。大手の出版社は、契約している締切りに遅れることは絶対に許してくれません。締切りに遅れることは、もう次の仕事はないということと同じ意味でした。制作会社特有の、そんな厳しさが染み込んでいた私にとって、締切り厳守の意識は人一倍に強かったように思います。

東京都杉並区荻窪のタナベビルの一室に、ヌース出版を設立しました。

6畳間とDKがオフィスで、3畳間が住居

2DKで家賃は月85,000円

哲学者・加来彰俊先生との出会い

創刊号ということもあり、メインのページには哲学者の文章を掲載すべきだと考えました。創刊まで日数の余裕があまりなかったので、書棚にあった『マスコミ電話帳』に載っている哲学者から選ぶことにしました。その中に、法政大学の哲学の先生がいました。私がリストラされた会社の同僚に法政大学の哲学科を出たOさんという女性がいました。彼女を含めて何度か社員同士で飲みに行ったことがあります。彼女は飲むと、よく哲学の話をしていたのです。彼女の話に耳を傾け、何を言っているのか意味が分からないまま頷いていました。聞き慣れない難しげな用語を使った彼女の話し方に、私は魅力を感じていました。

そのOさんのことが私の頭をよぎり、最初に法政大学の加来彰俊先生にお願いしてみようと考えたのです。夜遅い時間だったと記憶していますが、ダメもとで『マスコミ電話帳』に載っていた加来先生のご自宅に電話してみました。たぶん先生の奥様だったと思いますが、女性の方が出られました。「夜分に恐れ入りますが、私はヌース出版の宮本と申しますが、カライ先生はご在宅でいらっしゃいますか?」と尋ねました。その女性はちょっと暗い声で、「お待ちください」と言って先生を呼びに行かれたのです。

その直後に、「カライだって!」という女性の声が微かに受話器を通して聞こえました。その瞬間に、「ヤバイ!」と思いました。先生の名前を読み間違えてしまったことに気付いたのです。もちろん、正解は「カク」です。

しばらくして、加来先生が電話口に出られました。私は直ぐに気を取り直し、「哲学雑誌を創刊するので原稿を書いて頂きたい」と用件を述べました。すると、「まずは会ってから話を聞きたい」というお返事だったので、数日後にお会いする約束をしたのです。

実に有り難いことなのですが、そのころの私にとって大学の哲学者に直接話を聞かれるということは一大事でした。哲学書といえば鷲田先生の本を一冊読んだだけでしたし、大学での専門は経営学（ほとんど勉強していませんが）だったので、自分の実態が暴かれそうで嫌だったのです。まだ哲学者に会った経験がなく、物凄く気難しい先生ではないかと、いろいろと負のイメージが膨らんでいきました。本心を言えば、電話だけで原稿執筆の承諾を取り付けたかったのです。会社勤めの編集者時代は、電話だけで即決することはよくあったからです。今思えば、見ず知らずの人間から夜遅く電話がかかってきて、名字のヨミまで間違っていて、設立したばかりの得体のしれない出版社から創刊する雑誌に原稿など書けるはずはありません。正に、若気の至りだったと思っています。

その数日後に加来先生とお会いした場所は、今でもはっきりと覚えていますが、神田神保町の三省堂書店地下一階にある喫茶店でした。加来先生と少し話しただけで、それまで抱いていた負のイメージは一気に吹き飛びました。先生の口調や身体全体から滲み出る雰囲気に、「哲学を長年勉強すると、こんな素敵な年の取り方ができるのだ！」と感じたことが印象深く残っています。

加来先生との出会いによって、哲学の道を進んで行くことに迷いがなくなったと言っても過言ではありません。加来先生は幾つかのご質問をされ、私の回答にじっくりと耳を傾けておられました。私の回答をお聞きになって、直ぐに私の知的レベルを察知されたと思います。先生のご質問の中で、ただ一つ覚えていることは「私のことは、どうしてお知りになりましたか？」という質問です。正直に言えば良かったのですが、その時の私は咄嗟に、「以前に勤めていた会社の同僚に法政の哲学科出身者がおりまして、彼女に紹介されました」という嘘の回答をしてしまいました。「その方のお名前は？」と聞かれたので、一瞬「マズイなー！」と思いましたが開き直り、「〇〇〇子です」と元同僚のOさんのフルネームを言いました。加来先生は、その名前をメモされていたので、これは益々不味いなと思いました。その後悔の念は長年続きました。

加来先生は、その喫茶店で「いま、なぜ哲学なのか」というテーマで原稿を書く約束をしてくださいました。これで創刊号は何とかなると、ホッとしました。と同時に、「よーし、やるぞー！」という気力がガンガンと湧いてきました。

その喫茶店でお別れする際に、加来先生が一言、「人に、迷惑だけは掛けないようにね」と、小さな声で言われたのです。私は「はい、分かりました」と直ぐ返事をしたのですが、その時は、何故そう言われたのか、よく理解できませんでした。何年も後になってからですが、「加来先生は、七〇年安保のころの左翼学生と私を重ねて考えておられたのではないだろうか」と思い至りました。加来先生の年齢からすると、あのころの学生に迷惑をかけられた可能性は高いはずです。因みに、加来先生とほぼ同世代の第一九号でインタビューした相良亨先生は、学生運動の暴力によって片耳が不自由になったそうです。また、第四九号でインタビューした今道友信先生は大学の研究室を砲火され、極めて学術的に貴重な資料を全焼失されたそうです。

数日後、加来先生からの手書き原稿が編集部に郵便で届きました。それを読み終えると感激してジワーッと熱いものが体を流れました。どんな雑誌になるかも分からないのに、こんなに励みになる原稿を書いて頂いてと本当に感激したのです。この先生の名を汚すようなものは絶対に創ってはならないと心に誓いました。創刊号の在庫は無く販売していませんが、その加来先生の原稿は『学問の英知に学ぶ　第一巻』（ヌース出版）の「序章　いま、なぜ哲学なのか」に掲載していますので、お買い求め頂ければ幸いです。

その原稿の中に、次の一節がありました。

いろいろな分野でものごとの真理が明らかにされて、その知識が蓄積されたものが学問であるが、少なくとも一七世紀頃までは、哲学とはそういった諸学問の総称であった。しかしその後、諸学問は哲学から順次に分離独立して、特に前世紀後半以降は、学問の専門化と細分化の傾向はいちじるしく、哲学もまた学問の一分科となってしまったのである。そして現代では、哲学の専門家たちは、ただ仲間うちだけ通用する符牒のような用語を使って屁理屈をこねているだけであるから、哲学は世間一般には無用視され、敬遠されているのが実情なのである。

この文章によって、『ロゴスドン』を発行する社会的意義のようなものが漠然と私の心の中に浮かび上がってきました。そして、それが次第に、「『ロゴスドン』を通じて、哲学に対して抱かれている堅苦しいイメージを一掃し、哲学の名に親しみが持てるようにする。食わず嫌いな人々に、まずは手にとってもらう。哲学へのかけ橋になることが『ロゴスドン』の使命である。そんな思いに発展していきました。つまり、『ロゴスドン』の出版理念は、哲学者・加来彰俊先生に書いて頂いた原稿の中から芽生えてきたものなのです。

詩人・荒川洋治インタビュー

結局、表紙の広告は3面とも決まらず、「東京の街発掘」で獲得した記事広告と、「哲学の旅」

コーナーの記事広告（フェヤーモントホテル）だけで創刊号を発行することになりました。３面とも白紙にするのは体裁が悪いので、無料で広告を載せることにしました。表紙はカラーにしようと決めていたので、表４も一緒にカラーにでき、何としても第２号の営業のためにいい見本にしたかった。しかし、たとえ無料でも、やすやす広告版下を貸してはくれません。締切りとの関係で、結局、以前の勤務先の先輩に頼むことになったのですが、版下ではなく印刷されたチラシを版下がわりにしてくれということになりました。当時は印刷技術も今ほど進んでいなく、ボヤーっと滲んだような酷い仕上がりになってしまいました。当時のカラー印刷代は凄く高かったので、とてもショックでした。これが見本誌では、第２号の営業は困難だという思いが募り、本当に落ち込みました。

　創刊号の失敗によって、見ず知らずの著名人に見本誌を送っても引き受けてくれないと思い、第２号は顔見知りの著名人に依頼することにしました。第２号の特集インタビューは『清貧の実践』（福武書店）の取材でお会いしたことのある詩人の荒川洋治さんに依頼しました。そのころの私は、哲学者と詩人は何となく似通った人種である、といった印象を持ってもいたからです。双方とも、「社会の表面的なものに流されずに生きている」「自分自身の内面に深く入り込む」「ものごとの本質を見極めようとする」といった性質を感じていました。荒川さんは快く引き受けてくださり、都内の喫茶店でインタビューをさせて頂きました。

まず、「哲学と詩の共通点は何か」という私の質問に対して次のようなご回答をされました。

表面的なものを書き切ることに目標があるんではなくて、それを一つの糸口にして、何か深いものに届いていこうとする、そういう営みです。現象的なものに動揺しないという、そういう意識のもとに進めていくという点では哲学と通じるところがあると思いますね。

日本人は、観念的なことを述べるのが不得意ではないかという質問に対しては、

そんなに不得意ではないが、ただ、型にはまっていることが多かった。短歌や俳句に成長する定型的な文学表現が圧倒的に日本人の体質にあった。そのために表現に生き生きとした調子が出なかったのかもしれないが、むしろ、観念的なものを表現する下地は、条件として充分にあった。

型に捉われた表現は、いつごろまで続いたかを伺うと、「明治の中頃になって初めて、西洋の詩、韻律、定型的な約束事が全くなくて、自由な韻律で自由な言葉で、もっと言えば、しゃべり言葉ででも詩は書けるんだということの西洋の影響を受けました」というご回答に続けて、

「一般の人たちは短歌とか俳句とか漢詩の方に慣れ切っているため、結婚式のスピーチなどのように最初から原稿を用意して堅苦しい挨拶になる」、というようなお話をされました。最後に「今の社会における詩の必要性」についてお聞きすると、次のお話で締め括ってくださいました。

マスメディアが作った人間像とか社会像といったものにほとんど疑いを挟むことなく、わりと依存的な生き方をしている。《省略》詩を書くということは、ほとんどマスメディア的なものではありませんから。人知れない所で自分をずーっと見つめていく、自分の可能性を見つめていく、あるいは自分のつまらないところを見つめていく。そういう零細な作業ですから、そこに立ち戻ってみると、やはり今の人間たちが陥っている部分が見付けられて、本当の自分の可能性、自分の能力の程が見えだしてくるかもしれないですね。皆さんに詩を書けというのではないですが、一人になって考えてみることは必要ですね。夜一人で風呂に入って、自分はいったい何なんだろうなというように。いろんな社会からの影響、情報を排除したところで、自分は何なんだろうなと、風呂に浸かりながら考えるところに、詩の一片が湧く基盤がありますね。

『ロゴスドン　第2号』（P4～P12）

「芸能人の海外追想」を設けた理由

哲学雑誌と称しながら、なぜ海外を紹介する連載を設けたかというと、「三〇歳で出版業界へ」に書いた体験が発端にあり、いつかは『ロゴスドン』を発展させて、私が実際に海外へ取材に行って紀行文を書くことを目指していたからです。もう一つの理由は、私自身に芸能人への好奇心があったからです。特集の学者に対する知的な好奇心とは違って、何というか、芸能人に対しては外面的な好奇心や興味からきたものでした。とは言っても、一五年も連載が続いたわけですし、芸能人と取材という大義名分の元に間近で会話（取材）ができることは私にとっての最高の楽しみとなりました。立川志の輔さん以外は全員、毎号三〇分程度のインタビューをさせて頂きました。（立川さんの場合は、偶然に学者への特集インタビュー日が重なってしまい、学習院大学の女子大生にインタビューの要領を教えて、弊社の委託ライターとして取材をしてもらいました）。初回（第2号）は、庄野真代さんの「ギリシャの追想」でした。真代さんには、以前に月刊誌の取材でお世話になったことのある顔見知りでした。そのよしみで彼女が引き受けてくれ、この連載の過去記事ができて、それ以降のインタビューがしやすくなりました。つまり、真代さんは小誌の「芸能人の海外追想」のパイオニアであり、私の恩人の一人でもあるわけです。

作家・西条道彦先生のお陰で内容の充実した雑誌に

第2号から第17号まで掲載した、「作家・西条道彦による『小説家の卵』紹介コーナー」でお世話になった西条先生も恩人の一人になります。西条先生は、私が二〇代のころに通っていた六本木のライターズスクールで小説の指導をして頂いた先生です。私にとっては恩人であり恩師でもあるわけです。西条先生は広島県のご出身だったこともあり、何となく親近感を覚え、卒業後も年賀状を毎年お送りしていました。そういう繋がりを活かし、ダメもとで、ノーギャラでこのコーナーをお願いしてみました。すると、即座に快諾してくださったのです。如何に制作費をかけずに雑誌を創るかということが当時の私にとって最も重要なことだったので、心から有り難いと思いました。

西条先生は、六本木のライターズスクールだけでなく、池袋のコミュニティーカレッジや渋谷の東急セミナーなどでも講座を持たれていました。これらのゼミから清水曙美さんや江戸川乱歩賞受賞作家の薬丸岳さんなど、数十人の脚本家や作家を育ててこられました。西条先生から毎号送られてくる生徒さんが書いた小説は実に面白く、『ロゴスドン』の内容を充実したものにしてくれました。

ここに掲載作品と作者名を列記し、感謝の意を表したいと思います。

第2号『午後十一時半の山手線』(伊藤宣行)

第3号『ユニコーンの夢』（山本美樹子）
第4号『通勤特急』（向井眞一）
第5号『振り返った男』（辻道明子）
第6号『ふかんばち』（竹内佐智子）
第7号『ミルク・ホワイト・クリスマス』（青井美香）
第8号『譲れない時』（増子明彦）
第9号『握りん爺』（増子明彦）
第10号『セルリアンブルー』（山口美佳子）
第11号『都会の虫たち』（小林ぎや）
第12号『麻莉子を賭けた闘い』（小林ぎや）
第13号『説教ぐせ』（宇井幸子）
第14号『すべり止め』（宇井幸子）
第15号『いろおとこ』（山口美佳子）
第16号『梅雨あけ』（山口美佳子）
第17号『公園』（夏実杏合）

宗教学者・島田裕巳インタビュー

第3号の特集インタビューは宗教をテーマにしようと思いました。哲学と宗教は切っても切れない関係にあると感じていたからです。インタビューをする宗教学者は誰にするべきか、杉並区立中央図書館に行って宗教関係の本を調べながら考えました。第2号は創刊号より遥かに良くなりましたが、それでも一般の雑誌に比べると見劣りがしていました。第2号を見本誌として送って、面識のない著名な宗教学者が引き受けてくれるとは思えなかったので、以前に月刊誌の取材でご自宅にお伺いしたことのある島田裕巳先生に依頼しました。島田先生は私の依頼を快く受けてくださり、後日、日本女子大学の先生の研究室でインタビューをさせて頂きました。

「哲学は、宗教の防腐剤!」という特集テーマで、まずは「かつて宗教が問題視された時期があったりして、迂闊に近寄れないという印象がある」と振ってみました。

正しい宗教ということを、よく聞かれるんです。みんなの感覚の中では、お金を巻き上げるとか、信仰を強制するとか、反社会的な行動をするような宗教が間違った宗教だと思われているようですね。僕のところにくるのは、自分の子供とか知り合いが宗教団体に入ってしまって、帰ってこないという相談が多いんです。そういう時にはっきり出てくるんですが、そのように子供を奪ってしまうような宗教が間違った宗教だと思われているわけです。

難しいのは、要するに正しいとか正しくないというのは主観的なことであって、しかも、そこに宗教の場合は信仰というのが関わってくる。信じるか信じないかというところが一番問題になるわけですよ。そうすると、ある人が信じていることというのは、みんなが信じているものとは違う。ある人が信じている根拠というのは、他の人にとっては信じるに足るものだとは思えない。それは、それぞれの宗教が信じている神様でもいいし、教祖でもいいし、教えでもいい。宗教の核というのは信じるという目に見えないものであるから、一番捉えどころがなくって、しかも人によっては信じる内容が違うし、否定し合う部分がかなりあるわけです。そこが一番難しいんじゃないかな《省略》

私は、前もって準備していた次の質問を投げかけてみました。「キルケゴールに関する著作の中にあったのですが、彼がごく若いころ、哲学とキリスト教は決して和解しえないと書き留めているのに、後にはキリスト教的な生き方への移行を示しているのです。また、彼の父親に対する秘密と苦悩に満ちた関係が、生涯にわたっての彼の生活と思想を決定付けたともあるんです。そのへんが、どうもよく理解できないのですが」。

どこの国の思想にしても文化にしても、宗教に無関係なものはないんですよ。僕が最近興味を持っているのが、映画と宗教というもので、日本映画とアメリカ映画を比べた場合に、アメリカ映画の中に出てくる特殊宗教的な観念みたいなものが結構あるんですよね。それは何かというと、アメリカ映画というのは、ホームドラマで父親と息子の対立関係みたいなものが大きいんです。ロビン・ウィリアムスの『今を生きる』という映画で、ニールという少年が出てきて自殺するんです。父親からの期待と自分のやりたいこととの矛盾に苦しんで、それで自殺するんです。日本人はそんな映画を見て、そんな部分にあまり注目しないんです。日本の社会の中で、父親というものがあまり意味を持っていないから。アメリカの中では、父という比重が大きくて、父というものが如何に権威があるかというのは、キリスト教の「父なる神」というのと結び付いているんですね。そういう社会だから、そういうキリスト教を受け入れたとも言えるわけですよ。そういう信仰があったから、そのようになったとも言えるしね。《省略》哲学の場合も、キリスト教と縁が深いのは当たり前で、ヨーロッパなりアメリカの思想家が考える時に、そういうキリスト教から離れた考え方はなかなか出せないと思うんです。それが日本人に見えないから、哲学とキリスト教は結び付いているなとか、そういうイメージで捉えてしまうんですね。

ということは日本の思想家も、例えば仏教から離れた考え方が出し難いと言えるのか、という質問をしてみました。

やはり日本の思想というものも、日本の宗教と結び付いていて、特に仏教思想の影響がありますね。仏教思想というのは、核にアナーキーな考え方がありましてね。般若心経の中に「空」という教えがあって、「全ては空である」という考え方があるんです。この考え方があると、どんなものでもある時、無意味になってしまうんです。この世の中の価値など、結局は空だと、意味のないものだとね。ただ、意味のないものだから、いろんな形をとるという考え方もあるから、すごくアナーキーですよね。そういうような文化があるところに、神だとか体系だとか秩序だとかを持って来ると、みんな相対化されてしまうんですよ。ですから、日本で、そんなに哲学体系なんて出来ないでしょ。西田哲学ってのがあるけど、あれは禅だとか仏教だとか、そういうところに来ているわけで、結局はアナーキーな考え方になってしまうんですよ。

そして最後に、島田先生は次のように締め括ってくださいました。

現世利益型を捨てないと、本当の宗教という方向には行かないと思いますね。日本の場合、いわゆる宗教を捨ててしまった方がいいんですよ。脱宗教の方向が、たぶん、「心の時代」とか、そういう方向に行くんじゃないかと思いますね。日本人にとって、宗教とは何だったのかということを考えないと、とっても危ういことになると思います。ムードとしての宗教みたいなものとか、精神世界ってものは、いろいろありますけど、日本人にとって、宗教は何だったのか。それは、現世利益型なんじゃないかと考えなければ、結局、足をすくわれてしまうことになると思います。

『ロゴスドン　第3号』（P4〜P12）

教祖・吉本晴彦インタビュー

第４号の特集インタビューも、私の顔見知りの著名人にインタビュー依頼書をお送りしました。「大日本どケチ教」の教祖・吉本晴彦さんで、以前に雑誌の取材で数時間ご一緒させて頂いたことがありました。当時、吉本さんは政府関係の組織の役員もされておられ、しょっちゅう上京されていて、その日にインタビュー日時を指定してくださいました。お住まいの大阪まで行くつもりでいましたが、交通費が浮いて助かりました。インタビューの場所は、宿泊されていた帝国ホテルの部屋で行いました。まず最初に、教祖になった動機をお伺いしました。

ケチとシブチンの違いを考える中で、ケチというものの考え方を明確にし、ケチの正しい生き方を世の中に提案する意義があると思い、昭和四八年に「大日本どケチ教」を創立したんです。オイルショックになる前の、消費は美徳というキャッチフレーズに国民が踊らされていたころに創立したことからも、教祖に相応しい先見性のあることが証明されておりますな。

吉本さんが創立した宗教の教えについて、読者に分かりやすいように、大まかなご説明をお願い致しました。

大日本どケチ教には、教義、経典、御経があって、入会金、会費は一切不要。教義、経典を肝に銘じ、「勿体ない、勿体ない、勿体ない」と御経を唱えながら、蓄財に励んでもらえばいいわけです。ケチこそ美徳の倹約精神で、正しいケチ道に励み、無駄のない豊かな人生を築いて頂くことが教祖としての願いです。多くの信者さんから、マイホームを建てたなどの目的を達成したという報告を兼ねた礼状がよくきます。もっともっと多くの人に、どケチに徹してもらって、自分の定めた目的を達成して頂けたらと思うとります。

私の中で、「ケチ」という言葉に対して負のイメージが強かったので、ケチの概念をお聞きしました。

私は、人間というのは本来ケチであるべきだと思うとります。そのケチというのは、ふだんできる限り勤倹節約に努め、いざという時に備えてお金を貯めておく。そして、出すべき時にパッと出す。ただ、納得できないお金、後で後悔するようなお金は絶対に出さないということですわ。大阪の町家には、昔から始末という言い方があるんですが、これを大阪の商家では最高の美徳としていたし、処世訓ともしていたんです。経済の知恵の「経知（ケチ）」であって、いわゆる経済的合理主義ということですな。非常に前向きでプラス思考のもので、勇気、元気、やる気という要素に満ち溢れております。

御経を「勿体ない」にされたのは、非常にユニークに感じられたので、これについてもご解説を頂きました。

どケチ教で一番大事なものが、その御経なんです。勿体ないという言葉はどこからくるかというと、感謝する心から生まれるんです。感謝する心が大事で、それがあると「勿体ない」ということが分かるんです。そして、勿体ないというのが本当に分かると、自然と物やお金を大事にする。だから節約ができるし、大事なことをするための資金もできるというわけですな。最近ではテレビを見ていても、「勿体ない」という言葉をよく耳にするんです。ゴルフなんかをやっていて、OBした時でも、三〇センチくらいのパターが入らん時でも、勿体ないと言っとるんですわ。そんな時には、「おしい」と言うべきなんです。勿体ないという言葉は御経にもなっているように、非常に厳粛なもんで、究極のどケチ精神の根源なんです。ですから、そう軽々しく口にしないでもらいたいんですな。「おしい」という言葉は、ドンドン使って頂いて、「おしくない」ようにしてもらえればいいんです。

その後は、日常生活において活用しやすい数々のどケチ実践法をいろいろと具体的にご伝授頂きました。そして、最後に次のように締め括ってくださいました。

今の日本の若者、特に一〇代・二〇代の人たちというのは、非常に恵まれた社会の中で生きてるんで、世の中というのはこうした豊かなもんだと思っている。そのように、小さい時から教育されてるし、そのような環境に慣れてるから、今後もずっとそうであろうという楽観的な人生観を持っているんだろうな。

経済というのは上がったり下がったりするものであって、不況がきたり好況がきたりする。しかし、今の若者は不況だからといってサラリーが減るわけでもないし、逆に全体が不況だ不況だと言って物の値段を下げたりもする。サラリーが減らずに物が安く買えるんだから、どうしても楽観的に考えてしまうんだろうな。

今の日本の豊かさというのは異常なんであって、本来、人生というのは厳しい経済環境の中で考えなきゃいかん。それに若者は、いつまでも若者ではいられないんですよ。誰でも三〇になり四〇になり七〇になるんです。将来のことを考え、いったい自分はどうすればいいんだろうと。目的も持たずに、今が良ければいいと言って生きてたんでは、将来自分が苦しむだけですよ。そうなった時に、誰も助けてはくれないんです。

何をするにしても、金が要るんです。自分なりの目的を持って、それを実現させるために人以上の貯蓄をしていく。そのためには、勇気・元気・やる気がなかったら駄目なんです。よく、ケチケチせずに、儲ければいいじゃないかという「ケチ否定論」を言う人がありますが、そんなに儲かるもんなら、誰も苦労はせんわけですよ。それに、儲けるためにも、脱サラをやるにも、それなりの資金が必要です。だから、まずはケチ道に徹してお金を貯めなければ、儲けることもできません。

東京には、「見栄の商法」というのがあって、これは相手の判断を外見に委ねることからきてるんですな。種々雑多な人たちが集まっていると、お互いがどんな人かも分かりません。お互いが信用してもええのかどうか分からんから、何を頼りにして判断するかとなると、結局外見になるんですな。だから外見を大事にして、見栄を張らんといかんなるんです。しかし、今まではそれが通用したかもしれんけど、そんな自分を売り込むための見栄の商法というのは、もうボチボチ限界にきていると思いますな。ハッタリの見栄が通用した時代は過ぎ、こうした安定成長の中においては、存分に「経知」を発揮する時やと思うとります。

若い人は特に、つまらない見栄は捨て、自分にとって価値あるものの全てを大切にして欲しい。そして、ケチをするための目的を持って、将来を見通した自分の人生というものを考え、輝かしい未来に羽ばたいていっておくれやす。

『ロゴスドン　第４号』（P4～P11）

弁護士・福島瑞穂インタビュー

第５号の特集は、弁護士の福島瑞穂さんをインタビューしました。福島さんも、私が会社員時代に雑誌の取材でお世話になったことがありました。当時の福島さんは弁護士をされていて、所属されていた法律事務所にお伺いしてインタビューをさせて頂きました。女性の生き方に関心が高まっている時代で、特に一〇代・二〇代の女性にとって、厳しい時代になりつつあるとされていましたので、「女の生き方哲学」というテーマでインタビューをさせて頂きました。まずは、これから若い女性にとって、どんな時代になるかという質問をしてみました。

女の人にとって、凄く期待もできるけど、ある意味で凄くシンドイ時代になるのではないかと思っています。世の中には、例えば今年・去年あったような氷河期と言われる女子大生の就職難などがあって、働く場所って変わりそうで変わらない。女であるというだけで、なかなか採らなくなっていますよね。社会の中に、もの凄く男女不平等があって、でも、その中で女の人が元気で頑張れる時代でもあるが、同時に、はっきり言ってシンドイ時代にもなるだろうと思っています。

そんなご回答の後で具体的に、どういう点で大変になるのかということや、日本の法制度の問題点などについてのお話を頂きました。それを受けて、これからの女性は専業主婦になるべきではないのか、という質問をしてみました。

そうではなくて、いろんな生き方があっていいと思うんだけど、女性が仕事を辞めて結婚するというのは、大変なバクチであるということを認識して欲しいということなんです。つまり、母親の世代は時代がそうじゃなかったと言えるけれども、これからは女性にとっていろんなメニューがあると分かっている時に、「え〜、それは知らなかった」というのはカッコ悪いわけで、自分の人生、自分で責任を持つというのが重要なんじゃないかと思いますよ。

東西対立も無くなり、世界はもの凄い激動期にあって、国内でも日本の女性はどう生きていくかっていう激動期にあるわけですよ。ある意味で、日本の女性はとても恵まれていて、例えば、一〇万円のお金を海外に持って行けば凄い価値を持つわけじゃない。やろうと思えば、いろんなことが出来る時代にもいるわけ。ブランド品なんかも、本当にいいと思えば使えばいいと思うけど、ただみんなが持っているから私も持とうなんてのは、もうやめなよって思っちゃうけどね。

特に、一〇代のコギャルと言われている子たちを観ていると、高校生ブランドとか、若い時が売りだっていうのが本人たちも分かっていて、それの何が悪いのって思っている。その子たちは、「女は二〇歳を過ぎればオバン」なんて思っているのね。そんな意識が社会の中にあるから、本人たちも思うのかもしれないけど、現実に女性は八〇何歳まで平均寿命として生きるわけだし。生き方によっては、とても長い人生でもあるんですよ。若いとか、綺麗ということでチヤホヤしてくれるってのは一時期なわけじゃない。だから、長い人生、自分で自分をどうやって大事に生きていくかって、少しロングタームで考えた方がいいと思うんです。

今までは確かに、女って、短期決戦みたいなところがあったかもしれないわね。例えば、自分の人生が二三歳くらいでプツッと切れちゃうとかね。でも、企業に入って働くにしても、芸術家にしても、短期間にパッと花開くってことは少ないわけじゃない。それを、二三歳くらいで結婚して、プツッと切るのはもったいないと思うんですよ。

そんなお話を頂いた後で、今回のインタビューを次のように締め括って頂きました。

もちろん、短期の目標はあってもいいと思うんですよ。でも、長期の目標も持ったらどうかなってことなんです。それと結婚しようがしまいが、家庭に入ろうが入るまいが、社会との接点というものは是非持って欲しいと思いますね。

私がいろんな動きを通じて思っていることは、法律や制度なんて人間の作ったものなんだから、生きている人間に合わなければ変えてしまえばいいってことなんです。個人がハッピーでなければ何の人生ぞってね。個人が社会に働きかけ、また社会が個人に働きかけというのがありますよね。私は個人的には風通しのいい中で、居心地のいい生活をしたいって思って生きているわけだし、一人でポツンと離れて風通し良くなんてできないわけですよ。女はこうあるべきとか、結婚はこうするべきとかいった強固な社会では、私はどう頑張っても自分としては居心地が悪い。自分と社会は常に相互関係にあるということを考えて、どうか自分自身もハッピーに、でも、そのことをどうか社会の中で、人との関係性の中でやっていって欲しいと思うんです。これからは女性にとって、「自分が幸せでないこと」を親や夫や周りの人になすりつけることができなくなるんだから、若いうちから覚悟を決めて、どうやって生きていくかってことを真剣に考えて欲しいと思うんですよ。

ずいぶん変わったっていっても、まだまだ女の子はほどほどにとか、女の子は可愛い方がいいというのが強い社会ですよ。そうでない女の子に対しては、でしゃばり、生意気、変わってる、理屈っぽいといった非難めいた言葉として使われる場合もあるから、そんな社会だからこそ、今の一〇代・二〇代の女性には、手に負えないものと格闘して頑張っていって欲しいなって思います。

『ロゴスドン　第5号』（P4～P10）

第6号から特集インタビューを学者に限定

『ロゴスドン』第6号から第77号までの特集インタビューは面識のない著名な学者に既刊の雑誌とインタビュー依頼書を同封してお送りしました。第6号は『頭の体操』でお馴染みだった心理学者・多湖輝先生で、すでに千葉大学は定年退職され名誉教授になっておられたので、中野区のご自宅でインタビューをさせて頂きました。「心理学という人間哲学」というテーマで、学問の裏話を存分に盛り込んだ心理学にまつわるお話を頂きました。残念ながら『ロゴスドン』第48号までは全号品切れで、『学問の英知に学ぶ』にも収載されていませんが、「大宅壮一文庫」には第6号も所蔵されています。

第7号は阪神・淡路大震災が起こった直後の一九九五年三月一日発行だったので、急遽、特集インタビューは地震学者・力武常次先生にお願いしました。「お茶の間の地震哲学」というテーマでお話を頂き、当インタビュー記事は『学問の英知に学ぶ　第一巻』に収載させて頂きました。

第8号は地下鉄サリン事件が起こった直後の一九九五年五月一日発行だったので、化学物質に関心が高まっていると考え、急遽、生化学者の西岡一先生にお願いしました。当記事も『学問の英知に学ぶ　第一巻』に収載させて頂きました。

東京大学の学長を務めた加藤一郎先生と対談

第9号から腰を据えた特集インタビューができると考え、私が二〇代後半で憧れた東京大学の学長を務めた法学者・加藤一郎先生に既刊の雑誌と依頼書をお送り致しました。加藤先生はすでに大学は退官されていましたが、弁護士資格を持っておられ、当時はご自分の弁護士事務所を開いておられましたので、その事務所で対談（インタビュー）をさせて頂きました。

まずは、「衡平」という言葉の概念についてお伺いしました。

正義と衡平が法の精神だと言われて、ギリシャの女神で『テーミスの像』というのが裁判所にもありますが、右手に剣を持ち、左手に秤を持っています。剣というのは正義を表わし、秤は公平を表していると言われていますが、両方を合わせると「衡平」になるかもしれませんね。よく、アメリカで「フェア」ということを言いますが、そういう言葉とか「公正」とかも、似たような言葉だと思いますね。

そんなことで、衡平とは、法の精神のようなものを表しているとは思うんですが、別の言い方として、「実質的妥当性」と「法的安定性」という言い方があるんです。実質的妥当性とは、いわば正義にあたります。法的安定性とは、同じものは同じに取り扱う、公平に扱うということです。前に判例が出て、次に同じような事件が出てくれば、同じ判決になるだろうということになる。だから、予見可能性につながる。ある取引をする場合に、このように取引をしていると自分の方が勝つ、負けることはない、ということが分かるわけです。

この実質的妥当性と法的安定性というのは、二律背反というか、お互いに相反するところがあるけれども、その両方のバランスをとって考えなければならないと思われるわけです。まあ、衡平ということを具体化していくと、そのようなことになっていくと思いますね。

非常に分かりやすい「衡平」のご説明を頂きましたので、さらに基本に立ち戻って、法とは何か、法というものの本質とは如何なるものか、というご質問をさせて頂きました。

昔から、法哲学者などがいろいろ議論してるんですが、今は法は「社会統制のための手段」であると言われていますね。昔は、国王の命令が法であるが、今は、国会で決める民主的なルールが法である、ということで中身は変わってきているとしても、いずれにしても社会を統制する、国民をコントロールするということですね。いわば、社会のルールを作って、それに従っていけば、円滑な社会の運営ができる。そういう意味での社会の統制の手段だと思います。

法は、決して絶対的なものではなく、社会統制という目的に沿って、円滑に運営を進めるにはどうすればいいかということを常に考えながら解釈し、適用していくことが必要だと思うのです。

今は民主的に国会で決めていくということですが、国会に登場される方々が果たして本当に法のことを分かってやっているのか、または民意を汲んだやり取りが成されているのかという懸念もある、とチャチャを入れてみました。

日本では、形の上では国会が立法府だとはなっていますが、実際に法案を作っているのは、ほとんどが行政庁なんです。お役所で作って、与党がそれを検討して国会に出す。若干国会で議論して修正されたりすることもあるけれども、大体はお役所で作ったものが法になっていくんですね。議員立法なんかがありますけども､それは非常に少ないんですよ。お役所といっても、結局は行政をやってて、いろんな不都合にぶつかって、ここはこうした方がいいということが分かるわけですから、一番具体的に改正の必要を感じるわけですよ。最もそれがはっきりしているのは税法ですけど、税金を余分に取ろうと思えば、税法を改正しなくちゃならない。また、税金を取ってて、不都合が出てくればそれを直すと

いうことで、毎年のように、税法は改正されているんですね。《省略》

そんなお話に続いて、基本法のこと、法制審議会のことなどをご説明頂き、「円滑な社会運営のために法がある」という小見出しを付けたお話が展開しました。そして、大学で教えられている学問としての「法学」についてお聞きし、「法学の目的は、リーガル・マインドを養うことにある」という小見出しを付けたお話が展開していきました。その流れで、最後の「順法精神に潜む、日本人の御上意識」という小見出しを付けた非常に興味深い内容に発展していきました。まずは、日本人の法意識についてお聞きしました。

順法精神って言葉がありますが、これは法を守るという精神がどのくらいあるかということなんですね。日本人はわりと法を守ると言われてるんです。例えば、赤信号では渡らないというのですね。まあ、みんなが渡れば渡るというのもありますが。しかし、日本人はよく赤信号を守ってますね。車が来なくても、青になるまでは渡らないというのが日本人には多いんですよ。赤信号でも、よく見て、車が来ない、安全だ、と思えば渡るのが、世界ではむしろ普通ですよ。

ドイツは、日本と同じで、赤信号を守る国ですね。以前、私がドイツへ行った時のことですが、車が来ないから、赤信号でも渡ったんですよ。すると、道の向こうで、ドイツ人のおじさんが立って待ってましてね。そのおじさんは、私をつかまえて、「赤信号で渡っちゃいかんのだ」って、説教されたことがあるんですよ。

日本のことを考えると、どうも御上（おかみ）意識というのがあって、御上の命令だから守らなくちゃならんというのがあるようですね。これは、おそらく江戸時代のころからきてるんでしょうね。法というものは、自分たちが作るというより、上から与えられたものので、それに自分たちは従っていくんだと。そう思ってる人が多いんですね。今は、法というものは、国会で作って、利害関係から立法過程もいろいろあるし、要求が強ければ法がまた出ていく。例えば、消費者保護とか、規制緩和とか、そういうことで、新しい法ができていくわけですね。やっぱり、法というのは作るものであって、与えられたものじゃないんですよ。

法は直接自分に関わってきて、自分を保護することにもなり、なおかつ、法は作られるものであるという認識は、法への関心にも繋がるでしょうね、と言葉をはさむと

私は、学生にPL法（製造物責任法）について、こういう過程で、こうしてこの法ができ

たという話をしたら、自分たちがそれに参加して法が作られるということを初めて知ったって言うんですよ。法というものは、すでにあるもの、所与のものだと思い込んでたんですね。確かに、今の法学部の講義は、すでに存在する法を教えるという色彩が強いんです。今ある法律の解釈だけを教えてるから、学生もそのように思ってしまうのかもしれません。

法律は、学生の時よりもむしろ、社会に出てから興味が湧いてくるものであるということを耳にします、と発言すると

田中耕太郎先生という、商法と法哲学を専門とされて、最高裁長官までやられた先生がいらして、その先生がおっしゃるには、法律というのは年を取らなきゃ本当には分からないんだと言うんですね。僕が二〇歳の学生の時にそう聞いて、ちょっと反発を感じてね。僕らだって、しっかり勉強すれば法律が分かるはずだと思った。しかし、いま考えると、本当の意味の法律の解釈・適用を考えると、やっぱりもっと世間を知ってからでないと、いい解釈・適用はできないんだ、ということを感じますね。

世間を知ることでいい解釈・適用ができるなら、今の裁判官は閉鎖的で最も世間からかけ離

れた人に思えるのですが、とツッコミを入れてみました。

裁判官は、あまり友達付き合いをしない人が多いんですね。それは、いろいろ影響や誤解を受けたりするといけないと思うからでしょうね。

「裁判官は、弁解せず」という言葉があるけど、判決を出すことが仕事で、それについて、自分なりに説明とか弁解はしないんだということですから、ちょっと、世間から離れた存在という感じはしますね。しかし、それではやっぱり困るんで、普通の社会人としての生活の中で裁判をやっていって欲しいと思いますね。

東京大学の学長をされた偉い学者が日本の裁判官に対して問題意識を持っておられることが分かった私は嬉しくなって、予定していなかった次の質問をしてしまいました。「国内だと裁判で決着がつきますが、国際関係が複雑化する中、国際法はどうなっているのでしょうか」と。

かつて、国際法は法ではないという議論もありました。何を法と言うかにもよりますが、今では一般に法と認められています。でも、国内法とは違いますね。国際法では、それに違反しても、それを裁く裁判所というのが、ちゃんとはできていない。国際司法裁判所というのはあるけど、これは、国と国との争いが起こった時に、両国がそこで裁判するってことを承知しないとできないわけですよ。国家は、絶対的な主権を持っていますから、国は他人に裁かれることはないということが前提になっているんですね。そういう強制力がないものを法と言えるか、という議論はあるわけですね。

そうなりますと、いろんな文化、いろんな価値観の存在する国々の中で、一つの国際法を機能させるなんて不可能なことのように思えますが、と感想を述べると

国際法を強制するのは、戦争だと言われたりしますね。違反すると、戦争で決めるしかないとね。今の日米関係のように、一方から違法なことをすれば、他方は報復するというのもある。この報復というのも、国際法の中で、法の執行の一形態として出てくるんです。でも、国際法を機能させるのは、国際社会の共存の力だと考えるべきでしょう。

国際法に関しては長いスパンで我々人類の課題として取り組んでいくべきでしょうが、今回のお話で、今現実に日本で生きている我々自身に直接関わってくる「法」に無関心ではいられなくなったと、読者の心情を代弁して加藤先生にお伝えすると、次のように締め括ってくださ

いました。

まあ、とにかく、法ってのは、人間のためにあるんですよ。人間の社会生活のために法を作ってるんで、法のために人間があるわけじゃないんですね。赤信号にしても、本当に危険がなければ、渡るほうが人間的だと思いますがね。

ですから、人間の生活に合うように、人間らしく、新しい法を作っていくことが大切だと思いますよ。そうでないと、法律物神主義、フェティシズムになっちゃいますからね。法は法だから守らなきゃならないと教えたりしますが、そうでも言わないと、なかなか法を守らないから、そういうのも必要かもしれないけど、本当はそうじゃないと思うんです。

『ロゴスドン　第9号』（P4～P12）

風を見つけ、夢を追いかける

加藤一郎先生との対談記録を掲載した『ロゴスドン』第9号を発行した後、多くの関係者や知人たちから数々の高評価を頂きました。第9号は「スポーツにかける青春哲学」の連載が始まった号でもあります。私は「特集インタビュー」と「芸能人の海外追想」の取材と「仕事哲学」の取材を毎号やっていて、新たに取材日程を組むのが困難だったので、第7号で「哲学の旅」の紀行文を書いて頂いた学習院大学の岩瀬恵美さんに在学中は取材をお願いしました。因みに、彼女は『ロゴスドン』第3号の「哲学の旅」の紀行文を書いて頂いた早稲田大学の岩瀬裕子さんの妹さんで、彼女のお陰で「スポーツにかける青春哲学」は六〇回も続いた長い連載となり、『ロゴスドン』の魅力を高めることに大いに貢献してくれたのです。

当時の私には、「風を見つけた！」という確かな実感が得られていました。出版社の下請会社である編集プロダクションをリストラされた私が、自分一人の超零細出版社を「立派な会社に成長させる」という夢を追いかけることに迷いは無くなっていました。すっかり調子づいていた私は、特集インタビューを依頼する学者は日本最高レベルの大物学者であるべきだという意識が強くなっていきました。風を見つけたと信じ込んでいる者には迷いがないからか、その後も見ず知らずの大物学者が弊社の依頼に承諾してくださいました。ヌース出版のホームページ（http://www.nu-su.com）を見て頂ければ分かりますが、世界屈指の科学者や文化勲章受章者や東京大学に限らず他の難関大学の学長や総長を務めた学者もいらっしゃいます。そして、そんな学者のインタビュー記事が『ロゴスドン』のバックナンバーとなるので、益々インタビュー依頼に対する承諾率が高まっていきました。そのうちに私の中で「特集インタビュー記事は世の中のためになる」という揺るぎない信念に変貌していきました。

ただ、雑誌の内容の充実と、営利を目的とした会社法人としての成功とは全く別次元の事であるということは認識しておく必要はあると思います。ぶっちゃけて言えば、経営面でいえば最悪の会社だったということになります。記事広告で収入を得る目的で設けた「東京の街発掘」コーナーは広告営業に使う時間と収益が割に合わなくなって終了し、表4の広告も私の力量不足で決まりづらくなっていきました。第9号までは税込二〇〇円の定価でしたが第10号から三〇〇円にし、第14号からは企業広告に一切頼らない方針に舵を切って定価五二〇円に値上げしました。それでも売上部数は確実に伸びていったのですが、内容の充実に比例して制作費も上がっていき、全く採算が取れていませんでした。夢を見つけ、夢を追いかけるには、それなりの試練に耐え抜く必要があったのです。平日深夜は資金繰りのために短時間で稼げるトラックでのルート配送のバイトをし、土日祝日にはプロカメラマンとして結婚式の写真とスポーツ関連の写真を撮ってヌース出版の赤字の埋め合わせをしました。三足の草鞋で寝ている時間以外はほとんど働いているといった生活となっていきました。しかし、一日四時間の睡眠で体は回復していましたし、そんな過酷な生活に崇高な使命感すら得られ、むしろ遣り甲斐を感じ充実していました。

雑誌広告の営業はしなくなりましたが、社員は私一人なので弊社の電話はオフィス代行にし、直で置いてくれる書店開拓の営業は依然として昼間に続けました。編集面では次号の特集を考えるために図書館にこもり、ご登場頂きたいと思った学者の著書を数冊読んで質問に纏めインタビュー依頼書を送りました。他のコーナーの取材依頼も並行して行い、その合間に机の上でできる編集作業をし、経理や雑用もこなしました。紙媒体の『ロゴスドン』を発行した三三歳から四八歳までの一五年間は、私の情熱の全てを傾け、気力・体力・知力の限界を出し切りました。しかし、四〇代後半になると、そんな生活が徐々に身体的に厳しく感じられるようになっていきました。『ロゴスドン』第78号は二〇〇九年六月発行で、その月の一四日に私は四九歳になることを考え、休刊記念号にすることを決意したのです。

偉大な学者との対談は珠玉の体験

特集インタビューを「対談」と書いたのは、何号目かの特集インタビューが終わった後で、「これは対談だよね」と言われたことに起因します。先生からそう言われて、確かにそんな号もあったと思っていました。振り返ってみると、対談っぽくなった号は私がしっかりと準備をして、その学者の著書の内容をある程度理解し、その先生との相性的なことも関係して話が噛み合ったり議論っぽくなったりしていました。その真逆のケースもあって、私の能力不足で先生の話される内容についていけず、ただインタビュー項目を読みあげるだけになった号もありました。言い訳になりますが、インタビュー依頼書を出して断られた場合もあり、そんな時はまた、他の学者を探して、その著書を読み、インタビュー依頼書を作成して発送しなければなりません。

定期刊行物ですから、毎号発行日が決まっていますので、特集テーマに関する準備やその学者の著書内容を理解する時間に皺寄せがきます。全く準備ができずにインタビューに臨むことになってしまったこともあります。先生の著書をほとんど読まずに臨めば、どうしても話についていけなくなる。そんな時は、「対談」とは正反対の、ただ、ひたすら、分からないまま、分かったような顔をして（頷きながら）、お話を聞くだけになってしまうのです。

ただ、それでも、録音はしっかりと残っていますから、テープ起こしをしてインタビュー原稿に纏めていると大いに勉強になりました。学校の勉強でいえば、予習をせずに復習をみっちりするという形になります。日本最高峰の学識経験者のお話ですから、超一流の名講義を文字にしていくことで、世の中のためになる素晴らしいインタビュー記事になりました。

そんなこともあり、その時の私の状況によって、とても「対談」にはならないということが一つと、もう一つは対談として依頼書を書くと、「対談相手は誰だ？」と聞かれた場合に困るな、というのがありました。「私（宮本明浩）です」と答えても、見ず知らずの偉大な学者にとって「はぁ？」ということになってしまう。「何がご専門ですか？」と聞かれる可能性もある。「どういうご経歴ですか？」と聞かれる可能性もある。全て正直に答えると、まず、ご承諾は得られないでしょう。しかし、『ロゴスドン』編集部から、先生のご専門の何々についてインタビューをさせて頂きたいという依頼なら、バックナンバーさえしっかりしていればご承諾が頂けます。

内容が対談っぽくなった時は、私自身の充実感というのは物凄くありました。正に、私にとっての珠玉の体験になったと言ってもいいでしょう。どの学者が対談になったのかは、特集インタビューを収載した書籍『学問の英知に学ぶ』（ヌース出版）でご確認頂ければと思います。第一巻から第六巻まで発行させて頂きましたし、全巻在庫がありますので、お買い求め頂ければ幸いです。このシリーズには、諸学問の総称としての哲学を前提とした日本最高峰の学者の英知が凝縮されています。

コンプレックスはバネになる

私にコンプレックスがなかったら、これほどまでの仕事は到底できなかったと思います。知的な仕事は記憶魔という秀才たちだけのものではないという強固な思いは、暗記が特に苦手だったことによるコンプレックスからきています。感動したこと、悔しかったこと、嬉しかったこと、悲しかったこと、苦しかったこと、冷や汗をかいたことなど、心に強く影響を及ぼした経験・体験・エピソードはいつまでも記憶に残っているのに、膨大な暗記が必要なクイズ番組で出題される問題には今でもあまり答えられません。そんな個人的な関心からか、私のように暗記が苦手な人の救いになると思える二人の学者のお話を紹介させて頂きます。

まず一人目は、元歴史学会会長で、東京学芸大学の学長をされた歴史学者の阿部猛先生の「歴史学は、記憶する学問ではない」というお話です。私は学生時代に歴史が大の苦手科目でしたので、特に阿部先生のお話は心に染みました。

単純に、過去に学ぶとなると、いろんな問題が起こるわけですけど、そこでもし過去に学ぶとすれば何かというと、ある事柄が起こるためには、ある条件が必要なわけですよ。こういう条件だと、こういうことになりますよと。やっぱり、人間の進む道というのは、いつもいろいろあったと思うんですよね。だけど、結局、この道を進んできたということについては、やはり、こういう条件、こういう条件があったから、こっちへ進んだと。

例えば、幕末の議論がありますけど、外国からやってきて開国を迫る。あの時、日本が植民地化する危険性があったわけですよ。だけど、そうならなかった。それは何故かと考えるべきなんですよ。いろんな可能性がありますから。歴史というのは、結果が出てますからね。こういう結果があった。それは何故なのか、と我々は遡って考えなければならないんです。そのように考えることが大切なんです。過去からストレートに学ぶことではないんです。幕末の志士に学べではなくて、いろんな条件を考えながら、その上で、ああそうか、だからこうなったんだ、というように考える。ものを見る眼のようなものを養うことなんです。

そんなことに歴史は役立つんであって、過去の結果をストレートに学ぶことではないんです。「勝海舟に学べ」じゃダメなんですよ。ものを考えるための手立てというか、手順というものを身に付けることに歴史を学ぶ意味があるんですから。

よく学生が言うんですけどね。高校の時は良かったんだけど、大学に入ってから全部忘れてしまって、大学を卒業するころには一番頭が悪くなってると。四年間大学にいると、頭がパーになるとね。結局、受験競争で、スリ減らされちゃったような感じですね。歴史の教育で間違っているのは、憶えさせようとすることなんです。人の名前とか、何年何月に何が起こったなんて、そんなことを憶えるなんて、全くの愚ですよ。そんなことばかりやってるから、役に立たないものになってしまうんです。だから、記憶力の悪いやつなんかは、歴史が大嫌いになっちゃうんですね。ものを考えるための素材であって、その素材を記憶するのはバカげているんです。素材はいろんな本から取って揃えればいいものですから。今のような時代は、少ない情報じゃないですから、むしろ捨てることが必要ですよ。何を捨てるかという能力、結局はそこですよね。そして、残された、自分の拾った情報をどう組立てるかってことなんです。

『学問の英知に学ぶ　第一巻』（P279～P280）

二人目は世界屈指の科学者で、東北大学総長、岩手県立大学学長、首都大学東京学長を歴任された西澤潤一先生です。西澤先生は半導体素子や光通信分野の研究・開発で文化勲章も受章され、日本が世界に誇る数々の発明と研究をされました。暗記偏重教育の弊害と独創教育の必要性を説いておられましたので、「日本を救う教育哲学」というテーマで特集インタビューをさせて頂きました。「暗記ばかりやっていると、思考能力が低下する」というお話の一部をご紹介します。「暗記だけしていればいいというのはローレベルな教育ということですが、その暗記と創造とは、どのように関係してくるのでしょうか」という私の質問に対して、次のようにご回答くださいました。

だいたい学問というのは、暗記から始まるわけですよ。ところが、暗記をあまりにもしすぎると、ものを考えなくなるんです。だから、暗記の量には適量があるんですよ。ここまでの暗記なら非常に創造性が豊かに展開されるし、思考能力が同時についてきて、ものを考えるようになる。そこから、新しいものを展開していくわけですね。知識が適量だと、知識がつながってくるから、変な現象が入ってきた時に、「これはおかしいぞ」と思うんです。ところが、バラバラな知識がいっぱいあるだけだったら、「ああ、こんなものもあるのか」で済んでしまうんです。今までの知識が充分につながっていればこそ、「これはおかしい。変なものが出てきた」と思って調べるんですがね。頭の中がバラバラだと、疑うこともしない。そのように、思索をしているかしていないかによって、非常に対応が変わるんですよ。

『学問の英知に学ぶ　第一巻』（P208）

西澤先生もお亡くなりになられましたが、日本から科学技術が無くなると日本人は飢えてしまう、といったことを危惧されておられました。憶えているか憶えていないかをチェックするローレベルな教育を、日本は戦後にアメリカから強引に押し付けられた。そのために日本の創造性が奪われた、という主旨のお話でした。そのローレベルな教育を、後押ししているかのような日本のクイズ番組。高学歴な人たちがいつまでも、膨大な量の知識や情報の暗記に躍起になっている。最も国民に影響力のある日本のテレビ局が、そんな暗記ヒーローを生産している。そんな暗記ばかりをしていないで、世のため、人のためになることに優れた頭脳を使って頂きたいと思っています。

あとがき

愚者は経験に学び、賢者は歴史に学ぶという格言がありますが、歴史が苦手だった私は経験に学ぶしかありませんでした。数々の失敗を経験して多くを学んできましたが、同じような失敗を繰り返すよりも、私の失敗の歴史（自分史）に学ぶほうが賢明だと思います。

泉谷しげるの『眠れない夜』に「めずらしい見世物はすぐあきて　自分だけが珍しくなってく」という歌詞があります。若い頃、「まさか俺がそんな」と思って聴いていましたが、独り暮らしの高齢の母と同居するために五九歳で生まれ故郷にUターンした時、未婚の自分は珍しくなったと自覚しました。ところが、自分史を書いていると、懸命に生きてきた応報としての現状を感謝で受け入れる気持ちに変化し、心（魂）の救いにもなっていったのです。

密教を信奉した経営の神様・松下幸之助さんは、「経営者で大切なことは運がいいこと」「運をよくするには徳を積むこと」「徳は仕事を通して積む」という主旨の発言をされました。今後は「自分の心の救い」だけでなく、世のため人のためになる徳積みを仕事を通してやっていきたいと思っています。その一つの手段が「ヌース自分史選書」を発刊し続けることだと信じています。自分史を書籍にして公にすることで、あなたの失敗に学ぶ人は必ずいると思います。実際に行ったり、見たり聞いたりしたことを自分史にまとめ、商業出版することにチャレンジしようと思われる読者の方が一人でも多く現われますことを切に願っています。

著者紹介
宮本 明浩（みやもと あきひろ）
1960年6月14日、山口県岩国市生まれ
松山商科大学経営学部経営学科卒業
株式会社ヌース出版　代表取締役社長
フォルトゥーナ書房　代表
柔道初段。ブラジリアン柔術青帯。
著書 『超自分史のススメ』（ヌース出版）
『世界の頂点を極める＜大賀幹夫監修＞』（ヌース出版）
共著 『久保田淳座談集　暁の明星』（笠間書院）

「ヌース自分史選書」募集要項
「ヌース自分史選書」にチャレンジされる方を募集しています。応募方法は、弊社の編集部にフォルトゥーナ書房で制作した自分史1冊をご寄贈ください。応募作品の中から公にすべき自分史を選定致します。当選作品は「ヌース自分史選書」用に表紙と奥付を変更し、日本図書コード（ISBN）を付けて、著者と出版契約書を交わして弊社発行の書籍として販売致します。
フォルトゥーナ書房で自分史を制作される方は下記ブログへ。
https://ameblo.jp/fortunesyobou

元ディスコDJが何故、世界屈指の科学者や文化勲章受章者や元東大学長と対談できたのか

2024年12月9日　初版発行

著　者　宮本明浩
発行者　宮本明浩
発行所　株式会社ヌース出版
（本　社）　東京都港区南青山２丁目２番１５号　ウィン青山942
電話　03-6403-9781　URL　http://www.nu-su.com
（編集部）　山口県岩国市横山２丁目２番１６号
電話　0827-35-4012　FAX　0827-35-4013

DTP制作　フォルトゥーナ書房
広島県広島市中区大手町１丁目１番２０号
相生橋ビル７階Ａ号室
Eメール　logosdonmiyamoto@outlook.jp

ISBN978-4-902462-33-3